日本語力をつける文章読本

知的探検の新書30冊

二通信子・門倉正美・佐藤広子［編］

東京大学出版会

30 Exciting Texts:
An Anthology for Advanced Learners of Japanese
Nobuko NITSU, Masami KADOKURA & Hiroko SATO, editors
University of Tokyo Press, 2012
ISBN 978-4-13-082017-2

はじめに

　この本は、日本語の力をつけたい高校生・大学生のみなさんや、日本語の勉強に取り組んでいる留学生のみなさんとともに、新書の豊かな世界をいっしょに探検し、読むことの楽しさや知的な発見の喜びを味わいたいと思って作りました。

　この本で紹介する「新書」とは、小型のソフトカバーの本で、それぞれの専門分野の内容について一般の人向けに比較《ひかく》的分かりやすく書かれた本です。アカデミックな研究の紹介だけではなく、芸術やスポーツ、社会問題など幅《はば》広い話題が取り上げられています。新書は私たちにとって知の宝庫であり、多彩《たさい》な世界へと誘《いざな》ってくれる招待状でもあります。しかも、ランチ一回分ぐらいの値段で気軽に手に入れられます。

　日本では毎年たくさんの新書が出版されていますが、この本ではそんな数多くの新書の中から、「読むことの楽しみ」、「日常生活を振り返る」、「日本社会の問題をさぐる」、「学問の世界にふれる」、「クリティカルに読む」の五つのテーマで、合計三十冊を紹介しています。この本を通して、日本の社会のさまざまな側面や学問の世界の新しい課題などを知ることができます。

　この本では、新書の選択にあたって次のような点を重視しました。

・読む楽しさを体験できるもの。ストーリー性や意外性があり、文章の描《えが》く世界に引き込まれ、どんどん読み進めていけるもの。

・その分野について分かりやすく説明しており、専門的な知識がなくても、また日本の文化や社会への背景的知識が乏《とぼ》しい場合でも理解しやすいもの。
・分かりやすい日本語で書かれていて、文章全体の構成もはっきりしているもの。

みなさんがこの本の中の話題に興味をもったら、ぜひ新書をまるごと読んでください。この本をそのための入り口として利用してもらえたらうれしいです。

また、この本では、それぞれの文章の後に「考えてみよう」というコーナーを設け、文章をより深く読むための質問やヒントを付けました。「さらに読んでみよう」のコーナーでは、その話題に関連する本を紹介しています。さらに、各章の間の「コラム」では、本の楽しい読み方や新書の選び方、そして読む力を伸《の》ばす方法などについて簡単な解説を載《の》せています。じっくり読んで問題にもチャレンジすれば、読む力がぐんとつくことでしょう。

私たち編者三人は、みなさんに教室での読解学習とは違う形で、もっと自由で幅《はば》広く読書を楽しんでほしいと思っています。本を読むことは、著者と読み手である自分との対話です。そして、本から得たことや感じたことを、他の人と自由に話し合うことによって、さらに読みも深まります。そのような「読み」の場を作り出したいというのが、私たち三人の共通した願いです。この本を通して、日本の素晴らしい書籍《しょせき》文化の一つである新書の世界を楽しんでください。

二〇一二年七月

編者を代表して

二通 信子

目次

第5部　クリティカルに読む

装丁——渡邊民人・荒井雅美（ＴＹＰＥＦＡＣＥ）
本文レイアウト——板谷成雄

第1部

読むことの楽しみ

新書の世界へようこそ。知的遊び心のある六冊をまずはご紹介します。それぞれ親しみやすく、たとえ難しい内容でも楽しみながら読めるように工夫《くふう》された本です。文体や形式もバラエティに富んだものを選んでみました。最後の一冊は、「楽しく読む」ための方法の一つを提案している本としてご紹介します。

『百歳日記』

まど・みちお〈NHK出版生活人新書〉

まど・みちお　一九〇九年生まれ。詩人。「ぞうさん」「やぎさんゆうびん」などの童謡の作品も親しまれている。詩集に『まど・みちお全詩集』など。詩画集に『まど・みちお画集　とおいところ』など。

日本人なら誰《だれ》でも知っている童謡《どうよう》「ぞうさん」で知られる詩人まど・みちお。百歳を過ぎてもなお、「不思議なことはどこにでもあります。いつも「?」しかないんです」と書くくらい好奇心旺盛《こうきしんおうせい》です。そして「あるとき突然《とつぜん》ハッと何かに気づいたときや感動しているときには「!」のマーク」。まどさんの日記には、「?」や「!」がいっぱい。詩を楽しむと同時に、詩の生まれる源泉について考えさせられる一冊です。（二〇一〇年刊）

＊　＊　＊

地球の用事
ビーズつなぎの　手から　おちた
赤い　ビーズ

指さきから　ひざへ
ひざから　ざぶとんへ
ざぶとんから　たたみへ
ひくい　ほうへ
ひくい　ほうへと
かけて　いって
たたみの　すみの　こげあなに
はいって　とまった

いわれた　とおりの　道を
ちゃんと　かけて
いわれた　とおりの　ところへ
ちゃんと　来ました
と　いうように
いま　あんしんした　顔で
光って　いる

ああ　こんなに　小さな
ちびちゃんを

ここまで　走らせた
地球の用事は
なんだったのだろう

＊　＊　＊

万有引力《ばんゆういんりょく》

万有引力の作用《さよう》を受けていないものは、この世に一つとしてありません。

重いものだけに引力があるかというと、そうではないのであって、どんなに小さいものでも、どんなに大きいものでも、等しく万有引力があり、また地球というものの重力を受けとってるんです。私たちもこうして重力を受けているおかげで過ごしているんですからね。重力がなかったらもう、フワフワフワフワフワしなきゃならなくなっちゃう。それはそれは大変です。

病院の窓から見えるジェットコースターのような乗り物を見ていてもそうですね。あれも引力があるから、こういうことができるのであって、引力がなかったらできません。ぶら下がってぐるぐる回っているブランコのような乗り物も、いまのようにはぶら下がることはできません。フワフワフワフワで、フワですよ。入れ歯を入れたつもりでも、口の中でフワフワフワです。車が道を走ったり、サーカス団がおっかない芸をできるのも、引力があるからです。あらゆるものに引力は作用していると考えざるをえないです。

昔、ビーズの詩を書きました。じつはこの詩は、仁丹《じんたん》をうっかり落としてしまったときに思いついたのです。どんなに小さなものでも、手を離《はな》しただけで、目にもとまらない速さでまっしぐらに落ちていくんですよ。「こんな小さなものをあんなに一生懸命《いっしょうけんめい》になって引っ張ってくださるかたはどなただろう？」と思わずにいられませんでした。どんなに大きくても、風船みたいなものじゃそんなふうに落ちません。これは不思議に思うけれども、万有引力を知っていれば不思議じゃない。

こんなふうに不思議に思ったりするのは、私だけじゃないと思います。けれどみなさんわざわざ口にしたりなさいません。当たり前と言われることを当たり前だといきなりには思えないのは、私の癖《くせ》みたいなもんです。何を疑っているかというと、自分を疑っているんです。こんなことを考えるのは、私が間違っているんじゃないだろうかと。

重力がなかったら、われわれの暮らしは成り立たないでしょう。宇宙では食べ物や飲み物がフワフワと浮かんで、食事をするのが大変だと宇宙飛行士《うちゅうひこうし》の★毛利衛《もうりまもる》さんも話していました。毛利さんがいちばんはじめに私に会いに来てくださったのは、もうずいぶん前になります。宇宙に行かれる前だったかと思います。毛利さんは本当に感じのいい人ですし、とても話が合うんです。いろいろなことを話しました。無重力《むじゅうりょく》状態の中では小さいものも、大きいものも、軽いものも重いものも、どんなものも同じような状態で浮かんでいるのに、でも地球の場合には重力があるから、

★毛利衛　一九四八年生まれ。日本人で二人目の宇宙飛行士。一九九二年にスペースシャトルに搭乗《とうじょう》。

ものの質量によって引っ張られる力が違う。けれどもみんな同じように地球の中心に引っ張られている★っちゅうことにおいては、平等なんだ。そのようなことをお互《たが》いに考えておったとわかり、意気投合《いきとうごう》したのです。

私たちは、ものすごく大きい星ではなく、小さな小さな星の中にすんでいる。そのなかで、いろんなものが互いに引っ張りっこしている。いま目の前にあるふたつのコップも、生き物どうしも引っ張り合っているのだなあと考えずにおれません。こんなことは、あまりにも当たり前のことなので、みんな忘れてしまっておるんです。そして自分本位《じぶんほんい》、地球《ちきゅう》本位になってしまうのです。

★いるっちゅう　「いるという」の意味。

考えてみよう

1　「地球の用事」という言葉から何を思い浮かべますか。イラストを描《えが》くなど、自由に発想してみましょう。

2　「万有引力《ばんゆういんりょく》」と言う言葉から何を思い浮かべますか。まど・みちおが思い浮かべたものと比べてみましょう。

3　皆《みな》が当たり前と思ってわざわざ口にしないことで、「？」や「！」を感じることはありますか。あるとしたら、どんなことですか。

さらに読んでみよう

●──『１００歳詩集　逃《に》げの一手《いって》』まど・みちお〈小学館《しょうがくかん》〉

詩の創作は臆病《おくびょう》な自分からの「逃げの一手」の結果であったというところからこの書名はつけられました。いろいろなものを全部脱《ぬ》ぎ捨てて、真摯《しんし》に物事の本質に目を向け続けた一世紀。一〇〇歳現在の気持ちが三十篇《ぺん》あまりの詩に表されています。(二〇〇九年刊)

●――『いわずにおれない』 まど・みちお 〈集英社《しゅうえいしゃ》be文庫〉

九十六歳のまど・みちおへの聞き書き集。インタビューに答えた言葉と写真、インタビュアーによる背景説明、話の中に出てきた詩で構成されています。まど・みちおが描いた抽象画《ちゅうしょうが》もカラーで八枚収録されていて、さまざまな面から楽しめる本です。(二〇〇五年刊)

●――『ぼくらの言葉塾《じゅく》』 ねじめ正一《しょういち》 〈岩波《いわなみ》新書〉

全部で六章あり、それぞれが授業のように、一時間目から六時間目まで並んでいます。読み進むうちに、詩の言葉の力が伝わってきます。五時間目「詩の秘密《ひみつ》」で、まど・みちおのすごさが紹介されています。(二〇〇九年刊)

『世にも美しい日本語入門』

安野光雅
藤原正彦
〈ちくまプリマー新書〉

安野光雅《あんのみつまさ》は藤原正彦《ふじわらまさひこ》の小学校時代の図画工作の先生です。時を隔《へだ》てて再会した師弟《してい》が美しい日本語について語り合っています。画家と数学者の本棚《ほんだな》は全く異なる本で埋《う》められているはずなのに、美しい日本語を紹介するために両者が選んだ本は驚《おどろ》くほどよく似ていたといいます。その本の一覧は巻末で見ることができます。ここでは、日本語の語彙《ごい》の多さや翻訳語《ほんやくご》のすばらしさについて述べたところを見てみましょう。（二〇〇六年刊）

＊＊＊

藤原　★シェークスピアは、四万語を駆使《くし》したと言われています。すごいと思うけれど、しかし日本語というのは中学生用の国語辞典を見たって五万語くらい出ています。広辞苑《こうじえん》は二十三万語です。

★森鷗外《もりおうがい》などは、数十万語は使えたのではないでしょうか。『即興詩人《そっきょうしじん》』は私にとっ

安野光雅　一九二六年生まれ。画家、絵本作家、エッセイスト。画家・絵本作家として国際アンデルセン賞など多数受賞。著書に『ふしぎなえ』『旅の絵本』など。

藤原正彦　一九四三年生まれ。数学者、エッセイスト。数学者らしい論理的視点と日本文化を愛する情緒《じょうちょ》的観点による作品で知られる。著書に『若き数学者のアメリカ』『国家の品格《ひんかく》』など。

て、英語の本を読むよりも難しい。初めて見る単語が一ページに十も出てきます。漢字だから想像がだいたいつくのですが。鷗外は五歳《さい》で論語《ろんご》の素読《そどく》を始め、七歳から津和野《つわの》の藩校《はんこう》である養老館《ようろうかん》で★四書五経《ししょごきょう》を勉強したわけですが、すごいですね。漢詩の勉強は、東大医学部在学中も続けているのだから、年季《ねんき》が入っている。シェークスピアの十倍の語彙《ごい》は使いこなせたのではないでしょうか。日本語の言語としての豊かさは、呆《あき》れるほどです。★漢語に★大和《やまと》言葉に、さらにいろいろな言葉が入ってきています。漢字は組み合わせればいくらでも新語を造《つく》れます。造語《ぞうご》能力は世界一でしょう。

ある調査によると、英語とかフランス語とかスペイン語は、千語覚えていれば八〇%わかる。ところが日本語の場合、同じ八〇%わかるために五千語知らないとわからないらしい。では、九五%わかるためにはどれくらいかというと、さっき言った三か国語では五千語だというんです。ところが日本語は、二万二千語知らないとわからないという。欧米《おうべい》に比べて、五倍ほどの言語を用いているということです。

なぜ、言語量が多いかというと、たとえば、車に関してだけで、「空車」「駐車《ちゅうしゃ》」「停車」「対向車」とか、いろいろあります。これらに対応する英単語はない。「対向車」なんて、「逆の方向の路線をこちらに走ってくる車」と言うほかない。

日本はどんどん造語で言語を豊かにしてしまう。そして、それらを片《かた》っ端《ぱし》から駆使するわけですから、天下一品《てんかいっぴん》の言語です。

安野　新しい概念《がいねん》が生まれると、それを言い表す新しい言葉を用意しなければなら

★シェークスピア　一五六四～一六一六年。英国の劇作家、詩人。

★森鷗外　一八六二～一九二二年。作家、翻訳家、陸軍軍医。『即興詩人』は、デンマークのアンデルセンの長編小説を文語体で翻訳した作品。

★四書五経　儒教《じゅきょう》で重要とされる四書と五経の総称。

★漢語　古い時代に中国語から借用された漢字の音からなる語。

★大和言葉　日本固有の言葉。

なくなります。数学でも、日本語にはなかった概念《がいねん》規定が必要になるでしょう。

藤原　そうです。ただ、本質的でないことを言語化してしまうことが時々あります。そういうのは、美しい理論に登場して役割を果たすということがないんです。

安野　そうなんですか。

藤原　したがって、自然に淘汰《とうた》されてしまう。本質をピチッとついた、簡潔な言葉が生き残ることになるんです。

安野　以前、確率《かくりつ》を子どもにわからせようとして、「確からしさ」と言ったことがありましたが、ある程度普及《ふきゅう》したらしいですね。でも、本質的ではなかったから、淘汰される運命にありました。言葉をやさしく言い換《か》えてみても、確率の考え方そのものがやさしくなるわけではないですから。数学に限らず、実体の方は変わらないのに、言葉を換えてみると言う例があります。強姦《ごうかん》と言わずに暴行《ぼうこう》と言い表すなんて、逃《に》げていて卑怯《ひきょう》だと思います。

藤原　そうですねえ。明治のころは「民主主義」とか「哲学《てつがく》」とか、「国際」「科学」「思想」「概念」「解剖《かいぼう》」「社会」とか実にすばらしい造語《ぞうご》を用意しました。「腺《せん》」とか「膵《すい》」なんていう字まで創作してしまった。だから中国などに向けての言葉の輸出国になっちゃった。

安野　多少自慢《じまん》めいて言うと、新しい概念に拮抗《きっこう》するだけの考え方が、日本には一応あった。だから造語もできたと……。

藤原　しかも本質的に、しかも美しく翻訳《ほんやく》しました。「哲学」なんて見事《みごと》ですよ。

安野　後から生まれたわたしは「哲学」とか、「抽象《ちゅうしょう》」などという言葉は昔からあったものだと思い、それを生み出す苦心《くしん》などには思《おも》い至《いた》らなかったんですが、★西周《にしあまね》が造語したんです。

藤原　安野先生と津和野《つわの》で同郷の……西周。

安野　そうなんです。津和野で同郷というのは嬉《うれ》しいですね。あの人は一八六二年、三十三歳のときにオランダのライデンに留学していますが、江戸《えど》文化を背景にした新鮮《しんせん》で対等な目で、西欧の文化文明にふれることができたのだろうと思います。調べてみると、「主観」「客観」「本能」「概念」「観念」「帰納《きのう》」「演繹《えんえき》」「命題」「肯定《こうてい》」「否定」「理性」「悟性《ごせい》」「現象《げんしょう》」「知覚」「感覚」「総合」「分解」など、西周にはたくさんの造語がありました。

藤原　西周や森鷗外《もりおうがい》の学んだ津和野の藩校《はんこう》は、よほどすごかったんですね。いまの人じゃとても無理ですよ。江戸の文化が、すごく高かったということでもありますね。いま西周がいたら、アイデンティティー、トラウマ、アクセス、インフォームドコンセントなど、見事に漢語にしてくれるのに……。

★西周　一八二九〜一八九七年。啓蒙《けいもう》思想家、哲学者。

考えてみよう

1　1〜17行に書かれている数字を取り上げ、表やグラフにまとめてみましょう。

2　「アイデンティティー」「トラウマ」「アクセス」「インフォームドコンセント」を漢語にしてみましょう。漢語にするに当たって、どんなことを思い浮かべましたか。

3　漢字を組み合わせて新語を造ってみましょう。

さらに読んでみよう

●『日本語教室』　**井上《いのうえ》ひさし**　〈新潮《しんちょう》新書〉

二〇〇一年に上智《じょうち》大学で行われた全四回の講座を再現した一冊です。「一番読みやすく、書きやすく、正確で、しかも潤《うるお》いがあるそういう日本語を見つけよう」という目的で開講されました。日本人の母語を守りたいとの思いがひしひしと伝わってくる内容です。（二〇一一年刊）

●『ホンモノの日本語を話していますか？』　**金田一春彦《きんだいちはるひこ》**　〈角川《かどかわ》oneテーマ21〉

日本語はすばらしい言語だという信念のもと、日本語の魅力《みりょく》を伝えようとしている本です。日本語学者ならではの目で、発音、文字の使い方、文法、単語の構成などについて、親しみやすく説明されています。（二〇〇一年刊）

●『翻訳語《ほんやくご》成立事情』　**柳父章《やなぶあきら》**　〈岩波《いわなみ》新書〉

江戸《えど》末期から明治《めいじ》初期に西欧《せいおう》の概念《がいねん》を輸入するために造られた翻訳語の中から、「社会」「個人」「近代」「美」「恋愛《れんあい》」「存在」「自然」「権利」「自由」「彼、彼女」を取り上げ、その成立事情を詳しく考察した本です。西欧文明の思想や学問を受け入れるために、漢字を用いて新語を造ろうとした明治の知識人の苦心が伝わってきます。（一九八二年刊）

『数に強くなる』

畑村洋太郎〈岩波新書〉

畑村洋太郎《はたむらようたろう》　一九四一年生まれ。工学者。専門は創造的設計論、失敗学、知能化加工学、ナノ・マイクロ加工学、医学支援《しえん》工学。著書に『直観《ちょっかん》でわかる数学』『失敗学のすすめ』など。

この本の「数」は「すう」ではなく、「かず」と読みます。「数《かず》」に強くなるにはどうすればいいかが豊富な事例と共に説き明かされています。本文は「である」の繰《く》り返しによってユーモラスに書かれており、理解を深める助けとなる「★蛇足《だそく》」がかわいいイラストとともに書かれています。「たぶん、この本を読み終わるころには、読者のみなさんは頭が勝手に動いて止まらなくなっている」ことでしょう。（二〇〇七年刊）

＊　＊　＊

数がイヤな理由

では、人はどうして、数に悩《なや》まされ、苦しまされるのか。極端《きょくたん》なことを言えば、数にたいして恐怖《きょうふ》感を抱《いだ》く人さえいる。それほどまでに人をオジケさせ、イヤがらせるのはなぜなのか。

★蛇足　付け加える必要のないもの。あっても無駄《むだ》になるもの。中国の故事《こじ》に由来。

筆者の考えはこうである。「もう数なんて見るのもイヤ！」と人がなるのは、「数は厳密《げんみつ》なものだ」「数は正しくなくてはいけない」と思い込まされるからである。これが、人が数ギライになる、最大にして根源《こんげん》的な理由である。こういう思い込みが人を圧迫《あっぱく》し、強迫観念《きょうはくかんねん》にも近い恐《おそ》れを抱《いだ》かせるのである。

「数はいつも正しく、厳密でなくてはいけない」などという杓子定規《★しゃくしじょうぎ》な考えは、今すぐにでも捨て去った方がいい。ただ、そうは言っても、それがなかなかできないのも事実である。なぜか。そう思い込む最初のきっかけが、数というものに初めて出合う、小学校の算数の授業に潜《ひそ》んでいるからである。

ここで、図3を見てほしい。これは10ケタの数の足し算である。見ただけでやる気が失《う》せてくる計算である。ところで、ここで考えてみてほしいのである。読者のみなさんは、どこから手を付けて、この計算を始めるだろうか。

★杓子定規　一つの標準や規則に当てはめてすべてを処置しようとすること。形式にとらわれて融通《ゆうづう》のきかないこと。

$$\begin{array}{r} 3798637092 \\ +\,8637719393 \\ \hline \end{array}$$

図3　見ただけでやる気が失せる足し算

そうである。数のお尻《しり》、一の位から順番に、右から左へ順々に足していくだろう。算数の授業で先生は、一の位からきちんと正確に、速く答えを出しなさいと言って、この「お尻からの足し算」を徹底《てってい》的に練習させる。

それが、トラウマになるのである。先生が要求する「お尻からきちんと正しく、しかも速く」は、言うは易《やす》いが行なうのは難しい。繰《く》り上がりだの、何だのと、じつにメンドクサイ操作が必要なのである。

ところが、せっかく頭を振《ふ》りしぼり、くたびれるのを我慢《がまん》して計算したのに、答えが正しくないと、先生からは叱《しか》られるし、友達からはバカにされる。おまけに、親はイヤな顔をする。そういう体験が積み重なっていくうちに、数を見るのも聞くのも、すっかりキライになるのである。

蛇足《だそく》　ここの「お尻から」式の計算への苦言《くげん》・提言《ていげん》は『続　直観でわかる数学』という本に、さんざんシツコク書いておいた。もし興味のある読者は、そちらの本も合わせて読んでほしい。★溜飲《りゅういん》が下がること請《う》け合いである。

人が数をキライになる理由は、まだある。今度は大人の世界で考えてみよう。「はじめに」でも話をしたように、世の中には「数（かず）」でなく「数字（すうじ）」という言葉を使う人が多い。では、その「数字」という言葉を日常会話のなか

★溜飲が下がる　不平・不満など胸のつかえがなくなり、気持ちがよくなる。

で使うときに、みんなはどんなことをイメージしているのだろうか。

たとえば、会社の中では、「この数字を見ろ!」とか、「こんな数字じゃ、話にならんっ!」という話し声が聞こえてくることがあるだろう。そういうことを言う人は、どんなことをイメージしているか。「数字」は「ウソをつかないもの」「真実を伝えるもの」「客観的なもの」とイメージしているのである。

では一方、そういうことを言われた人は、どんなことをイメージするか。「数字は冷たい」とイメージするのである。まだある。「人間味がない」「無《む》味《み》乾燥《かんそう》だ」である。イメージだけで物を言うなと叱《しか》る人がいるが、本当はそういうイメージこそが、数をキライにする決定的な要因になるのである。

こうして子供から大人まで、それぞれの段階に応じた、**数をめぐる苦い体験が必ずある。**そういう体験が積み重なって、徐々《じょじょ》に数がキライになっていく。そして、ついには、「もう数なんか見たくもない。数のことなんかで頭を使いたくないっ!」と思うようになるのである。

蛇足《だそく》　世に言う「数字」の何が不愉快《ふゆかい》かといえば、どういう領域の何の要因でその「数字」が出てくるのかを捨象《しゃしょう》して、「数字」だけを振《ふ》り回して「うんと言え」と押しつけてくるからである。「数字、数字」と言う人は、みんな必ずこういう強要《きょうよう》をする。だから、人は「数字」で言われるのがキライになるし、「数字とはなんと冷たくて非人間的なものか」と思うのである。

数はくたびれる

しかし、そう思いたくなるのも、無理からぬことではある。なぜなら、数は、人間が生み出した最高の抽象物《ちゅうしょうぶつ》だからである。そういうものを扱《あつか》うのは、最高にくたびれるのである。

数を扱うときには、頭の中の回路《かいろ》を動かして、頭に負荷《ふか》をかけることになる。最近、「百マス計算」★というものが流行している。あれはまさに頭の中の思考エンジンを動かして、頭に適度な負荷をかけるという動作である。適度の負荷が脳を活性化するのである。しかし、適度なうちはまだよいが、頭に負荷をかけるという動作は、人間の活動としては本来、相当にくたびれることなのである。

ここで、「くたびれる」というのは、なにも無精《ぶしょう》だとか、怠惰《たいだ》だとかいう意味ではない。エネルギー消費が大きいということである。すぐ後で説明をするが、数を扱うという動作には、「作る」という動作が深く関わっている。そして、その**「作る」という動作は、非常にエネルギーを消費する**のである。

なぜか。「作る」という動作を行なうときには、頭の中の全部が動くからである。まず、「仮にこうだ」という仮説《かせつ》を立てて、とにかくそれを実行してみる。そして、その結果が、自分の実現しようとしたものと合致《がっち》するかどうかを検証《けんしょう》する。これだけの動きを一度に行なうことになるから、**頭の中の全部が一斉《いっせい》に動く**のである。

すると、脳のエネルギー源であるブドウ糖《とう》をどんどん消費することになる。その一方で、乳酸《にゅうさん》がどんどんできて、頭の中に蓄積《ちくせき》されていく。つまり、頭がくたびれ

★百マス計算　縦一〇×横一〇のマスの左と上に〇から九の数字を乱雑に並べて、それぞれ交差するところに指定された計算方法（+、−、×、÷）の答えを記入する計算トレーニング。

るのである。読者のみなさんも、頭の芯《しん》から疲《つか》れたという経験があるだろう。それは、体が疲れるということとは違った、もっと深いくたびれ方だったはずである。

「数なんて見るのもイヤ！」と言う人は、「くたびれる」ということの辛《つら》さを何度も何度も味わってきた人である。だから、その「くたびれる」ということを、なるべくなら回避《かいひ》したいのである。

蛇足《だそく》　ところが、頭をくたびれさせるのが大好きだという奇特《きとく》な人たちがいる。碁《ご》打ちと将棋《しょうぎ》指しである。こういう人たちは、頭を使うのが好きで好きでしょうがない。わざわざ頭に負荷《ふか》をかけて、思考回路を酷使《こくし》することに快感を覚えるのである。まさに、ドーパミン★の虜《とりこ》なのである。

数に強い人とは

学校でも会社でも、「計算は速く正確にやれ」「厳密な答えを出せ」とばかり言われる。そうして、みんな頭がくたびれて、いつしか数がキライになっていく。「それはあまりにモッタイナイことだ」と筆者は思うのである。

数に強くなると、いろいろ面白《おもしろ》くて、実になることが多くなる。たとえば、いつも的確に判断できるようになるとか、物事を考えたとおりに動かせるようになる。そんなことを繰《く》り返していると、とても自信がつく。そして、もっとある。人が褒《ほ》めそやしてくれるのである。だから、**イイ気になれる。**

★ドーパミン　生体内《せいたい》にある神経伝達物質。意欲、動機、学習などに重要な役割を担《にな》うと言われている。

そういう人は、脇《わき》から見ていると、妙《みょう》に自信あり気《げ》で、立派な感じに見える。読者のみなさんのまわりにも、必ず一人はそういう人がいるはずである。

では、そういう人を見ると、どう思うか。うらやましく思えるのである。そして、たぶん自分にはそんな才能はないし、そんな風にはなれっこないと思うのだが、ほんのチョットだけでもいいから、なれるもんならなってみたい、という気がどこかでするのである。

読者のみなさんの中には、そういう期待をもって本書を読んでくれている人がいるにちがいない。**日々の訓練と楽しみ方次第《しだい》では、だれでも数に強くなれる。**それが本書の基本的な考え方である。みなさんにはまず自信を持ってもらいたいのである。

蛇足　何かをやっているうちに、「ああ、俺《おれ》はそういうことができるんだ」と気がついたとしよう。すると最初のうちは、「イヤ、そんなことないだろ。大したことないぞ。俺にはできないよ」と一方では思う。ところが、いつもやってるうちに、「もしかすると、俺はこういうことに長《た》けているのかも知れない」と思いだす。そしてまた繰り返してやっていると、「これはひょっとすると、ホントかも知れない」と考えるようになる。もうちょっと行くと、「ああ、どうもやっぱり、俺は長けているんだ」と思う。それでもっと進むと、「俺は絶対に長けているゾ」と確信に変わるのである。こうなると自信満々になって、ホントは単なる思い込みかも知れないのだが、誰《だれ》が何と言おうと「俺は絶対できるんだ」と信じるようになる。そうすると、なんでもどんどんチャレ

ンジをして、自分だけでズンズン進むようになる。すると、アラ不思議、本当にできるようになっていくのである。自信とはそういうものである。

考えてみよう

1 この文章を「ですます」調で書き直すと印象はどう変わりますか。気に入ったところを声に出して読み比べてみましょう。

2 数がイヤだと思ったことはありますか。あるとすれば、それはどうしてでしょう。

3 周りの人に、数が好きかどうか聞いてみましょう。「好き」と答えた人の理由は何でしたか。

さらに読んでみよう

●――『失敗学のすすめ』 **畑村洋太郎**《はたむらようたろう》 〈講談社文庫《こうだんしゃぶんこ》〉

失敗は成功の母。人が新しいものをつくりだすとき、最初は失敗から始まるのは当然のことです。プラス思考でなぜ失敗したかを分析《ぶんせき》し、次に活《い》かすことが大切なのであり、活かしてこそ成長があります。また、大事故や惨事《さんじ》を防ぐためにも、失敗と真剣《しんけん》に向き合うことが大切です。著者は「失敗学」の提唱者として、社会全体の失敗活用のシステムづくりにも言及《げんきゅう》しています。(二〇〇五年刊)

●――『ゾウの時間　ネズミの時間』 **本川達雄**《もとかわたつお》 〈中公新書《ちゅうこう》〉

象と鼠《ねずみ》。サイズが違うと時間の流れる速さが違い、世界観も違ってきます。では、人間の時間は？　ヒト本来のサイズに見合った時間とはどういうものなのでしょう。いろいろな「数」で生物をとらえ直す

ことができる一冊です。（一九九二年刊）

●――『「大発見」の思考法』　**山中伸弥《やまなかしんや》・益川敏英《ますかわとしひで》**〈文春《ぶんしゅん》新書〉

数に強くなり、頭が勝手に動いて止まらなくなっていくとどうなるのか。そういうことを知りたい人にお勧《すす》めの対談です。ｉＰＳ細胞《さいぼう》の生みの親である医学者の山中と、トップクォークの存在を予言しノーベル賞を受賞した物理学者の益川が、「大発見」までの道のりについて語り合っています。（二〇一一年刊）

●——江戸文化

『江戸のセンス——職人の遊びと洒落心』

荒井修
いとうせいこう
〈集英社新書〉

江戸《えど》文化の生き証人とも言うべき扇子《せんす》職人、浅草《あさくさ》の文扇堂《ぶんせんどう》主人荒井修《あらいおさむ》の膨大《ぼうだい》な知識を、案内人いとうせいこうがとことん引き出しています。江戸から受け継《つ》がれてきた職人の感覚が、今も新しいデザインを生み続けているのを知ることができます。江戸のセンスを味わいたい人にお薦《すす》めの一冊です。（二〇〇九年刊）

＊＊＊

あこがれの役者の★家紋《かもん》なんていうのは、普通《ふつう》の人の紋にはあんまりないものだから、それを自分も身につけたいと思う。でも、そのまんまだとおもしろくないから、何かちょっとアレンジしようということになるわけです。

たとえば名前をもじったもの。★中村芝翫《なかむらしかん》丈《じょう》の場合なら「芝翫縞《じま》」という文様です（図版⑱）。四本の線の隣《となり》にある柄《がら》は、たんすの鐶《かん》（図版⑲）。四本縞とたんすの鐶で

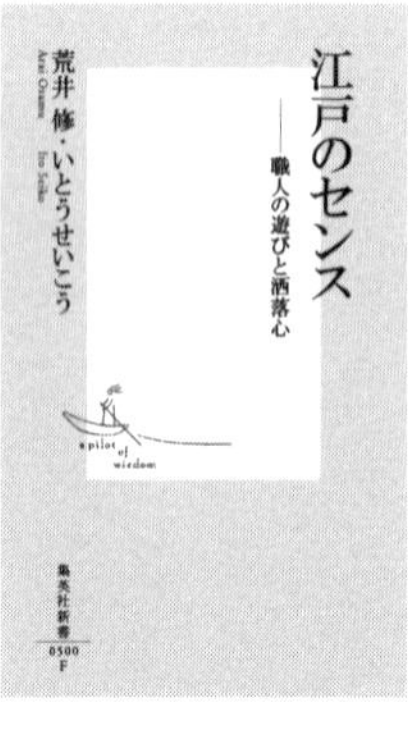

荒井修《あらいおさむ》　一九四八年生まれ。舞扇《まいおうぎ》の老舗《しにせ》、文扇堂四代目社長。

いとうせいこう　一九六一年生まれ。小説家、作詞家。活字、音楽、舞台、テレビなど、ジャンルを超《こ》えて表現活動を行う。著書に『ノーライフキング』『ワールズ・エンド・ガーデン』など。

★家紋　家々で定める紋、紋章。

★中村芝翫　一九二八〜二〇

「しかん」という洒落《しゃれ》です。

これをもじると、「神田つなぎ」というデザインになる（図版⑳）。たんすの「鐶」があって「田」。

この田は何かというと、神田《かんだ》を持ち場としていた火消しの一番組である「よ組」のまとい★の形です（図版㉑）。神田の一区一番のまといは田の三枚羽根《さんまいばね》といわれるもので、田の字が三枚組み合わされている。芝翫縞と、このまといの田の字を使って、神田つなぎというのができちゃう。まといがこんなところに出てくるのがおもしろいですね。

田の字ならなんでもいいじゃないかと思うかもしれないけど、まといと同じ田を使っているところが「うまい！」ってことになるわけ。「なんだ、見たまんまじゃねえか」っていうのはつまらない。神田つなぎを先に見た人だったら、出初《でぞ》め式★を見て初めて大元《おおもと》がここだって気がつくかもしれないし、逆に三枚羽根を知っていて、神田つなぎに気がつく人もいるかもしれない。

図版⑱　芝翫縞

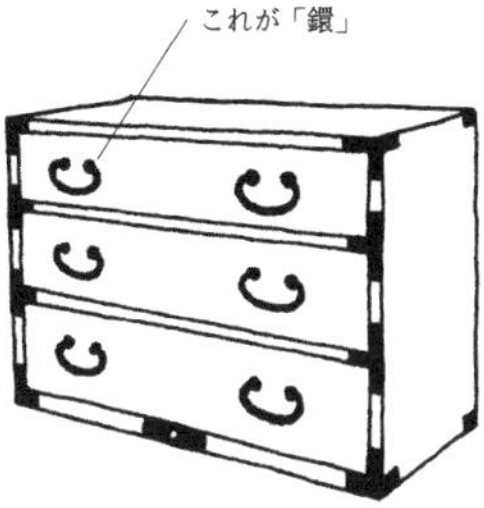

図版⑲　たんすの鐶

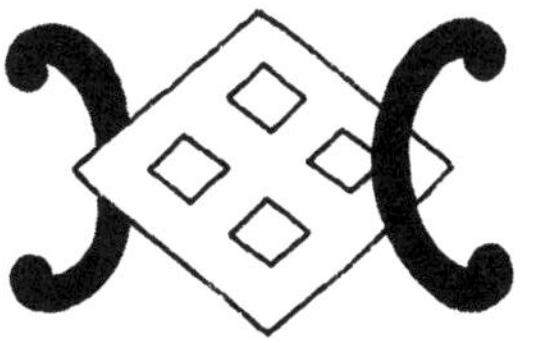

図版⑳　神田つなぎ

図版㉑　「よ組」のまとい

一一年（七代目）。歌舞伎《かぶき》役者。「丈」とは歌舞伎役者などの芸名に付けて敬意を表す語。

★まとい　江戸時代、町火消しの各組のしるしとしたもの。

★出初め式　新年に火消しなどが勢ぞろいし、消防動作の型などを演ずる儀式《ぎしき》。

まといでいえば、「い組」のものは、上が丸くて下が★升《ます》になっていますが、この丸いのはケシの実で、「消します」という洒落《しゃれ》になっている。「なるほど、火消しだもんな」って思うじゃない。

このへんが江戸《えど》のデザインのおもしろいところなんですね。元があって、その元からいろんなふうに分かれていく。そんなふうにデザインというのは広がっていくものです。そのまんま使わないでアレンジしていく。その裏に、実はこうなんだよ、というアイディアを入れる。それによって、また別のデザインが生まれるという楽しさが出てくるんですね。

そこで、我々みたいにアレンジする側《がわ》の人間がいる。じゃあ、どんなふうにアレンジするか。

これは、「若千睦《わかせんむつみ》」という僕らの札（★千社札《せんじゃふだ》。江戸っ子は「せんしゃふだ」と言う）の会の紋《もん》です（図版㉒）。この若千睦の若をデザイン化すると、こうなります（図版㉓）。両側が「輪」でしょう、真ん中は片仮名の「カ」。「輪カ、輪カ」とつないで、「若千つなぎ」ができた。

家紋《かもん》というのも素晴らしいデザインです。丸で囲むのがあったり、★亀甲《きっこう》で囲むのがあったり、なんにも柄《がら》が描《えが》かれていない、ただ丸が白く抜《ぬ》けているだけの「石持《こくもち》」なんていうのもあります。これは、よく芝居《しばい》の中に出てくるんだけど、身分を隠《かく》している武士やその家族がつけている。

雪をあらわす「雪輪《ゆきわ》」なんていうデザインがあります。たとえば、これをほかの

★升　液体や穀物《こくもつ》などの分量をはかる容器。四角形のものが多い。

★千社札　千社詣での人が寺社の柱・天井などにはりつける紙札。自分の氏名・生国・店名などを書いたもの。

★亀甲　亀の甲をかたどったもの。

デザインと組み合わせて別のものをつくることもできます。芝《しば》がいくつにも重なって、上に朝露《あさつゆ》がのっているような「露芝《つゆしば》」という柄がある（図版㉔）。この芝を雪輪の一部分に変えると、「雪芝《ゆきしば》」という柄《がら》になるんです（図版㉕）。ほかにも「雪持ち笹《ざさ》」だとか、いろんなのがある。

そういうふうに、何かに見立てたり組み合わせたりしていくと、デザインはもう、いくらでもできるわけ。

昔は自分で好きな紋を注文してつくったんですよ。紋って、法律で決まっているわけではないんです。「うちの流儀《りゅうぎ》の紋を考えてください」という人が来て、女の人なんかは、自分の鏡台だとか、風呂敷《ふろしき》だとか、あるいはかんざしだとか、いろんなものにそれを入れる。

だから、いとうせいこうさんが自分の好きな紋を考えて、「俺《おれ》の紋はこれ」と決めても、違法《いほう》じゃない。ちょっとつくってみようか。

いとうさんのところの紋は、「丸に★木瓜《もっこう》」（図版㉖）だから、たとえばこの木瓜を丸

★木瓜　バラ科の落葉低木。

図版㉒　若千睦の紋

図版㉓　若千つなぎ

図版㉔　露芝文様《もんよう》

図版㉕　雪芝文様

じゃなくて、菱《ひし》に囲むとする。で、いとうさんは★文筆《ぶんぴつ》の人だから、この菱を筆の形にするなんていう手を使う。

いっそもっと現代的に考えて、こんなのはどうでしょう（図版㉗）。木瓜をアレンジして、筆とマイクをあしらう。たとえば、いとうさんの本職がしゃべるほうだっていうんならマイクを上にするし、文筆業が本職なら、その逆にする。

文字のデザイン文化

紋《もん》や文様だけでなく、「飾《かざ》り文字」なんていう文字のデザインもあります。江戸《えど》文字といえば千社札《せんじゃふだ》の文字？　とお思いでしょうが、ほかにもいろんなものがある。よく知られているのが、芝居《しばい》に使われる「勘亭流《かんていりゅう》」、相撲《すもう》の「相撲字」、寄《よ》席《せ》の「寄席文字」ですね。そのほかにもいろいろあって、一口には言えないくらいです。

けれど、これらはすべて、「御家流《ごけりゅう》」と呼ばれる正式な公文書《こうぶんしょ》用として認められた文字が基本であって、約束事《やくそくごと》にはきちんと適《かな》っているんです。

その昔、幕府は日本中から集まってくる書面の文字が、とんでもない崩《くず》し方をされて読めなくて困るということで、天皇家《てんのうけ》公認《こうにん》の文字である御家流を奨励《しょうれい》した。それで、日本中の公文書がこの文字に統一されたんですね。

とはいうものの、あんまりかしこまった文字だけじゃおもしろくない。第一、看板だの★半纏《はんてん》だのに使うにはインパクトがないとだめでしょうということで、次々に

★文筆　筆をとって詩歌や文章を書くこと。

★半纏　羽織に似ているが、わきにゆとりを持たせるために補う布も、襟の折り返しもなく、胸ひもをつけない上着。

おもしろい文字が生まれたんですね。

そういうわけで、この文字を半纏の背中にはどんなふうに入れようかとか、★長屋《ながや》の★腰障子《こししょうじ》に大工《だいく》の誰々《だれだれ》というのをどう書いたらよいかとか、自分の町名を家紋のように書けないかなど、デザインに凝《こ》りはじめた。

そこで生まれたのが、さまざまな飾り文字というわけです。

飾り文字の中で有名なものに、漢字を一部分ひらがなにしたり、崩《くず》し文字にしたりするやり方があります。たとえば新橋《しんばし》を「志ん橋」、魚河岸《うおがし》が「魚がし」、吉原《よしはら》を「よし原」と書いたりするデザインが生まれて、今でも親しまれています。祇園《ぎおん》の舞妓《まいこ》さんたちも「祇おん」と、この書き方を使っていますよ。

ほかにも複数の漢字をまるで一つの字のように書いた「抱《だ》き字」（図版㉘）や、文字を丸く書く「鏡」（図版㉙）、牡丹《ぼたん》の花のように見せる「牡丹字」（図版㉚）、印鑑《いんかん》の字のように見せる「印形《いんぎょう》」（図版㉛）や、サイコロ型の各面に字を入れた「角字《かくじ》サイコロ（図版㉜）なんていう書き方もあります。

★長屋　棟《むね》を長く建てた家。細長い形の家。

★腰障子　腰板の高さが三〇センチほどの障子。

図版㉖　丸に木瓜

図版㉗　いとうさんの紋（下書き）木瓜をアレンジして、いとうさんを象徴《しょうちょう》する「筆」と「マイク」のぶっちがいを中に入れる

図版㉘　抱き字「南千壱」

図版㉙　鏡「浅草《あさくさ》」

この扇子《せんす》は、文字をすべて角《かく》にした「角崩《かくくず》し文字」（角字）を、★市松《いちまつ》に配置して書いたものです（写真⑳）。ちなみに市松って、昔の歌舞伎《かぶき》役者の名前なんですよ。★佐《さ》野川市松《のがわいちまつ》。その人が好んで着ていたために、市松模様《もよう》といわれるようになった。

角字は、半纏《はんてん》の裾《すそ》にぐるりとまわして書いたりもします。大工さんの半纏なんかによくあるでしょう。

こういう文字の書き方は、江戸《えど》のデザイン文化の中ではみんなが承知してることなんです。さっきの、神田《かんだ》のまといの「田」の三枚羽根《さんまいばね》だとか、たんすの「鐶《かん》」なんていうのは、当たり前に頭の中に入っている。だから、そんなに特殊《とくしゅ》なものじゃなくて、基本の形を自分だったらどうするとか、この商売だったらどうデザインするかっていうことなんですね。

★市松　市松模様。碁盤《ごばん》目状の格子の目を色違いに並べた模様。

★佐野川市松　一七二二〜六二年。江戸時代中期の歌舞伎役者。

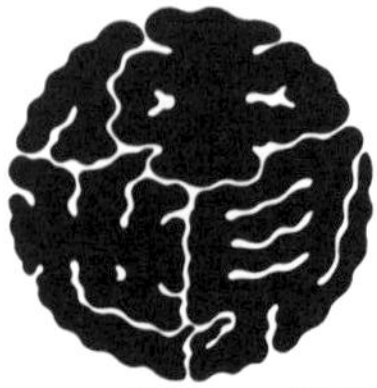
図版㉚　牡丹《ぼたん》字「仲見世《なかみせ》」

図版㉛　印形《いんぎょう》「浅草《あさくさ》」

図版㉜　角字サイコロ「西川口《にしかわぐち》」

写真⑳　「角字の市松」の扇子
角崩し文字（角字）を市松模様に配置している

角崩し文字（角字）「東」

考えてみよう

1　本文を読んで、「い組」のまといの絵を書いてみましょう。

2　江戸のデザインと思われるものを探し、何人かで情報交換《こうかん》してみましょう。

3　本文を参考にして、自分の紋《もん》や名前の飾《かざ》り文字を考えてみましょう。

さらに読んでみよう

●――『江戸を歩く』　**田中優子**《たなかゆうこ》　**写真／石山貴美子**《いしやまきみこ》　〈集英社《しゅうえいしゃ》新書ヴィジュアル版〉

現在の東京に江戸の風景がどのように残っているのか。石山の写真に江戸学者の田中が文章をつけています。巻末には地図もあり、この一冊を片手に「江戸」を訪ねてみたくなります。（二〇〇五年刊）

●――『商人道「江戸しぐさ」の知恵袋《ちえぶくろ》』　**越川禮子**《こしかわれいこ》　〈講談社＋α新書〉

「江戸しぐさ」とは、江戸の商人たちが人間関係を円滑《えんかつ》にするために工夫した生き方のことです。そこには、お互《たが》いに教え合い、助け合って、楽しく明るく暮らすというセンスが反映されているといいます。相手を尊重する精神から生まれた「江戸しぐさ」について、具体的に説明されています。（二〇〇一年刊）

●――『杉浦日向子《すぎうらひなこ》の江戸塾《じゅく》――笑いと遊びの巻《まき》』　**杉浦日向子**　〈PHP文庫〉

江戸風俗《ふうぞく》研究家の著者が、江戸を愛する仲間たちといろいろなテーマで語り合っています。そのテーマとは、「酒」「グルメ事情」「鰻《うなぎ》」「笑いと川柳《せんりゅう》」「遊びごころ」「粋《いき》とオシャレ」「女の生活」「農業と暮らし」「浮世絵《うきよえ》」。興味のあるテーマから読んで、対話を楽しみましょう。（二〇一一年刊）

『理性の限界——不可能性・不確定性・不完全性』

高橋昌一郎〈講談社現代新書〉

「私たち人間は、何を、どこまで、どのようにして知ることができるのでしょうか?」司会者の問題提起からシンポジウムが始まります。参加者は、数理経済学者、哲学《てつがく》史家、生理学者、会社員、大学生、運動選手、その他様々な立場の架空《かくう》人物たち。難解なテーマを楽しみながら学び、より深く考えさせられる一冊です。(二〇〇八年刊)

高橋昌一郎《たかはししょういちろう》　一九五九年生まれ。哲学者。専門は論理学、哲学。著書に『ゲーデルの哲学』『哲学ディベート』など。

＊　＊　＊

司会者　ただいまから、「理性の限界」に関するシンポジウムを開催《かいさい》したいと思います。

私たち人間は、何を、どこまで、どのようにして知ることができるのでしょうか? いつか将来、あらゆる問題を理性的に解決できる日が来るのでしょうか? あるいは、人間の理性には、永遠に超《こ》えられない限界があるのでしょうか?

これらのテーマは、従来は哲学で扱《あつか》われてきましたが、人間と世界の根源《こんげん》に関わるすべての学問領域とも密接に関連しています。そこで、本日ここには、さまざまな分野の専門家をはじめ、多種多彩《たさい》な主義主張をお持ちの皆様《みなさま》にお集まりいただきました。

ふだんは、あまり顔を合わせる機会のない皆様に、幅《はば》広い多角的な視点から、自★由闊達《かったつ》にディスカッションしていただきたいと思います。

選択の限界

会社員　私は哲学のことなどまったく知らないのですが、理性的といいますか、合理的な意思決定をどのように行えばよいのかという問題には、日々直面しております。

先日も、あるプロジェクトを我が社で立ち上げるか否《いな》かで、社内の意見が真《ま》っ二《ぷた》つに割れました。その後、いくら議論を続けても結論が出ないので、最終的には重役会議の投票で決めました。ところが、その決定が大失敗だった！　役員全員が頭を捻《ひね》って、会社のために最善だと思った投票結果が、実際には間違っていたわけです。

しかし、多数決以上に合理的で民主的な決定手段はないはずですよね？　この失敗は、回避《かいひ》できたのでしょうか？　このように現実的な問題も含《ふく》めて、あらゆる問題を理性的に解決することなど、人間には不可能なのではないでしょうか？

★自由闊達　心がのびやかで、何のこだわりもなく振る舞うさま。

数理経済学者　非常に興味深い問題ですね。個人においてのみならず、組織や社会における合理的意思決定は、いかにして導かれるのか？　失敗のリスクを最小に、成功のベネフィット★を最大に導く方法はあるのか？　とくに、現実世界における選《せん》択《たく》は、取り返しがつかないわけですから……。

　今、投票による合理的で民主的な意思決定という話が出ましたが、実は、多数決原理そのものに、さまざまなパラドックスが内在していることがわかっています。さらに驚《おどろ》かれるかもしれませんが、完全に民主的な社会的決定方式が存在しないことは、すでに数学的に証明されているのです。これが「アロウ★の不可能性定理《ふかのうせいていり》」と呼ばれる成果でして……。

司会者　お話の途中《とちゅう》ですが、「選択《せんたく》の限界」については、後ほどゆっくり議論していただく予定になっておりますので、それまでお待ちいただけますでしょうか。

　それから、このシンポジウムには、一般《いっぱん》の方々や学生さんも参加していますので、専門家の皆様《みなさま》には、専門用語をよく噛《か》み砕《くだ》いて、わかりやすくご説明いただきたいと思います。

会社員　そうしていただけると、ありがたいです。

　ただ、どうしても気になるので、一点だけ質問させてください。現実的な意思決定についての疑問なのですが、誰でも人生の転機には、大きな決断をくださなければならないはずです。

　私事《わたくしごと》で恐縮《きょうしゅく》なのですが、実は私も、近い将来、ある女性と結婚《けっこん》しようと考えて

★ベネフィット　benefit（英語）利益。恩恵《おんけい》。

★アロウの不可能性定理　社会的な意思決定を行うためのルールづくりにおいて、その設計の困難さに関する定理。

おりまして……。ところが、本当にそれでよいのか、もっと別の生き方があるのではないかなどと考えて、なかなか決断できずにいるのです。このような問題にも、理性的な解決がありうるのでしょうか？

哲学《てつがく》史家　それは人生の岐路《きろ》における大選択ですな。

近代論理学の基礎《きそ》を構築した哲学者ライプニッツ★は、あらゆる問題を理性的に解決できると信じていました。いかに複雑な問題であっても、論理的に緻密《ちみつ》に解きほぐして計算すれば、明確に答えを得ることができると……。そこで彼は、自分が結婚に迷ったときも、理性的に解決しようとしました。

会社員　それは、いったい、どのようにして？

哲学史家　結婚した場合に想定されるあらゆる可能性を、紙に書き出したわけです。プラスとマイナスを箇条《かじょう》書《が》きにしてね。

ライプニッツは、微積分法《びせきぶんほう》を創始したほどの数学の天才でもありますから、それらのプラスとマイナスの組み合わせで生じる新たなプラスとマイナスについても、さらにそれらの組み合わせで生じる新たなプラスとマイナスについても、突《つ》き詰《つ》めて考え抜いて、詳細《しょうさい》に計算し尽《つ》くしたに違いありません。

会社員　それで、どうなったのですか？

哲学史家　もちろん、ライプニッツは、結婚をとりやめましたよ。理性的に計算すれば、そうなるに決まっているじゃないですか！

後に彼は、「幸運なことに、彼女は考えさせてほしいと言ってくれた。おかげで、

★ライプニッツ　一六四六～一七一六年。ドイツ生まれの哲学者、数学者。

私も考える時間ができたので、結婚《けっこん》せずに済んだ」と安堵《あんど》の気持ちを手紙に書き残しています。

哲学《てつがく》の創始者ソクラテス★は「良妻《りょうさい》を持てば幸福になれるし、悪妻《あくさい》を持てば哲学者になれる」と自嘲《じちょう》しています。少なくともライプニッツは、ソクラテスのように悪妻に悩《なや》まされる危険性だけは回避《かいひ》できたわけですな……。

★ソクラテス　紀元前四六九年頃〜前三九九年。古代ギリシアの哲学者。

究極の限界値

運動選手　僕は、ライプニッツの結婚観には賛成できませんね。だって、愛は理性的に計算できるようなものではないでしょう？　結婚後のプラスとマイナスだって、すべてを予測できるはずもないし……。それに、人生は挑戦《ちょうせん》の連続だと思いますから、結婚だって挑戦してみなければ、本当に幸福になれるかどうかわからないじゃないですか！

僕がこのシンポジウムに来たのも、「理性」よりは「限界」という言葉に惹《ひ》かれたからです。オリンピックの一流選手たちが限界に挑戦する姿を思い起こしてみてください！

たとえば、百メートル走の世界記録を振《ふ》り返ると、二十世紀前半には、「人類は十秒の壁《かべ》を破れない」と言われてきました。ところが、一九六八年のメキシコ・オリンピックで九秒九五の記録が生まれ、九一年にはカール・ルイスが九秒八六をマークしました。さらに、二〇〇〇年のシドニー・オリンピックでは、モーリス・グリーンが九秒七九、〇七年にはアサファ・パウエルが九秒七四という驚異的《きょういてき》な記録を樹立しました。

つまり、世界のアスリート★は、常にそれまでの予想を覆《くつがえ》し、人間の限界を打ち破ってきているのです。すばらしいことじゃないですか！

生理学者　たしかにおっしゃるとおりですが、それが永遠に続くとは思えませんね。

★アスリート　athlete（英語）運動選手。特に、陸上・水泳・球技などの競技選手をいう。

	男　性	女　性
100m	9秒37	10秒15
200m	18秒32	20秒25
400m	39秒60	44秒71
800m	1分30秒86	1分42秒71
1000m	1分57秒53	2分12秒50
1500m	3分04秒27	3分26秒95
1600m	3分18秒87	3分43秒24
2000m	4分11秒06	4分41秒48
3000m	6分24秒81	7分11秒42
5000m	11分11秒61	12分33秒36
10000m	23分36秒89	26分19秒48
マラソン	1時間48分25秒00	2時間00分33秒00

陸上競技の究極の限界値

我々の計算では、百メートル走でヒトが九秒の壁を破ることはありません。さらに、八百メートルでは一分三十秒、千五百メートルでは三分の壁を破ることは、絶対に不可能です。長距《ちょうきょ》離《り》のマラソンでも、現在の世界記録から十八分以上は短縮できないでしょう。

陸上競技でヒトが到達《とうたつ》できる「究極の限界値」は、たかだか上の表のようなものです。

運動選手　どうしてそこまではっきりと断言できるのですか？

生理学者　なぜなら、ヒトの運動能力が、循環器系《じゅんかんきけい》や筋肉《きんにく》の物理的性質によって制限されているからです。たとえば、骨格筋《こっかくきん》が収縮《しゅうしゅく》するスピードとパワーには、生理学的に明確な限界があります。男性よりも体脂肪率《たいしぼうりつ》の高い女性は、それだけ筋肉も少なくなりますから、筋力を用いる競技で女性が男性に勝つことはできません。女性が男性よりも優れている競技は、水泳の長距離《ちょうきょり》のように脂肪が有利に働くものだけです。英仏海峡横断《えいふつかいきょうおうだん》レースの世界記録七時間四十分の保持者《ほじしゃ》も女性で、これは男性の世界記録を三十分以上引き離《はな》しています。

考えてみよう

1　このシンポジウムに参加するとしたら、どんな立場や職業の人物になりたいですか。

2　その人物になって参加するとしたら、誰《だれ》に、どんな質問をしますか。

3　他にどんな設定の人物に出てきてほしいですか。その人物にあなたはどんな質問をしますか。

さらに読んでみよう

●──『知性の限界──不可測性・不確実性・不可知性』　高橋昌一郎《たかはししょういちろう》〈講談社《こうだんしゃ》現代新書〉

『理性の限界』シンポジウムが終わった後の懇親会《こんしんかい》会場から生中継《なまちゅうけい》。議論はまだまだ終わりません。そして再び、「言語の限界」「予測の限界」「思考の限界」について、シンポジウムが再開されます。（二〇一〇年刊）

●――『無限論《むげんろん》の教室』 野矢茂樹《のやしげき》 〈講談社現代新書〉

大学で最も不人気だった講義。受講したのはたった二人の学生、「ぼく」とタカムラさん。でも、タジマ先生は無限論をユーモアたっぷりに楽しく十二週間語り続けます。「ぼく」と一緒《いっしょ》に、読者はその授業に引き込まれていくことでしょう。（一九九八年刊）

●――『数学ガール――ゲーデルの不完全性定理1、2』 茉崎《まつざき》ミユキ 原作／結城浩《ゆうきひろし》 〈メディアファクトリー〉

結城浩の原作をコミックにしたもの。数学基礎《きそ》論の重要な定理で、非常に難解なゲーデルの不完全性定理を漫画《まんが》で表すという意欲作。数学の大好きな高校生たちがそれぞれの個性を発揮しながら、現代論理学の基礎定理に挑《いど》みます。（二〇一一年刊）

●本

『ニッポンの書評』

豊崎由美〈光文社新書〉

書評とは、作家を応援《おうえん》し、読者に良質な本を届けるためにある。これは素晴らしいと思える作品をわかりやすい言葉で紹介するのが書評家の役目だと著者は述べています。この本の中で紹介されているのは、句会形式の書評合評会《がっぴょうかい》です。これは、「本を読む楽しみ」をふくらませる一つの方法だと思います。ここでは、著者の書評の書き方を伝える部分をご紹介します。あなたも書評を書いてみませんか。（二〇一一年刊）

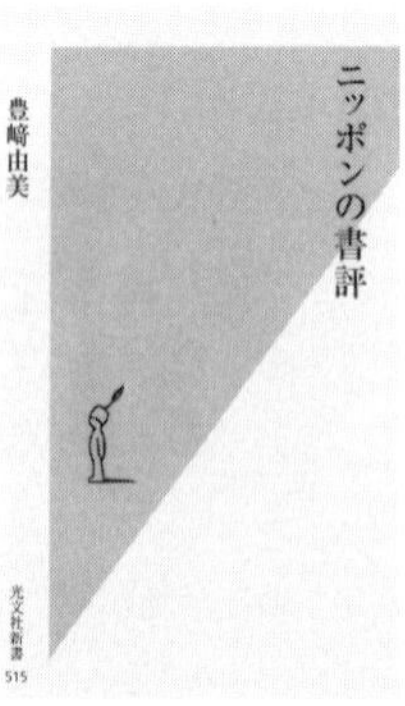

豊崎由美《とよざきゆみ》　一九六一年生まれ。ライター、ブックレビュアー。各誌で書評を多数連《れん》載《さい》。著書に『そんなに読んで、どうするの？』『勝てる読書』など。

＊　＊　＊

さて、これまでさんざっぱら他人様《ひとさま》の書評について云々《うんぬん》してきたわけですが、天を仰《あお》いで唾《つば》すれば自分に返ってくるのは必定《ひつじょう》。今回は、「そういう偉《えら》そうなことをほざいているお前自身はどうなのか」という、当然の疑問にお応《こた》えすべく、わたしが普段《ふだん》どのようにして書評を書いているかを、できるだけ具体的に述べていく所存《しょぞん》です。

一番最初にするのは、カバーをはずすこと。理由は二点。本体だけのほうが読みやすいことと、カバーを汚《よご》したくないからです。次に付箋《ふせん》を用意します。愛用しているのは3Mのポスト・イット「スリム見出し（ミニ）」ですが、わたしの場合、それをさらに小さくします。もともとが長さ二五ミリ×幅《はば》七・五ミリというサイズのポスト・イットの、上の部分を七ミリほどカッターで切り取り、さらに幅も二分割《にぶんかつ》に。そうやって、およそ長さ一八ミリ×幅三・七五ミリまで小さくした付箋を、見返し左上の部分に貼《は》っておく。以上が、わたしが本を読む前に済ませておく作業です。

本を読みながら手にしているのは三色ボールペンですが、実際は赤と黒しかほとんど使いません。読みながら気になったところを赤いカギカッコ（「　」）で囲んだり、傍線《ぼうせん》を引いたりしながら、その行《ぎょう》の頭に付箋を貼っていきます。どんなところに線を引くかというと、①ストーリーの展開上、重要と思われる箇所《かしょ》、②登場人物の性格や特徴《とくちょう》を端的《たんてき》に示す情報、③年月日、年齢《ねんれい》といった数字、④引用するのに適当と思われる文章、⑤自分の心にしみる表現の五点。読んだ本は基本的には手放《てばな》すつもりがないので、必要なら黒のボールペンで書き込みもします。

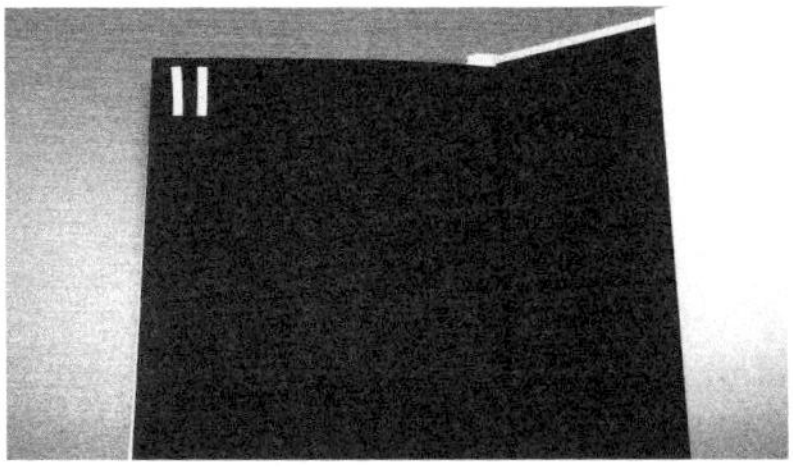
本を読む前に、小さくカッターで切った付箋を見返しの左上に貼っておく

付箋の箇所だけを再読。そして、書評を書くために本当に必要と思われるページには小さな白い紙をはさんでいく

本を読み終え、「さあ、書評を書くぞ」という段になったら、付箋《ふせん》の箇所《かしょ》だけをもう一度読み返します。そして、書評を書くために本当に必要と思われるページに、今度は適当に切った小さな白い紙をはさんでいくんです。そんな確認《かくにん》のための再読の過程で、脳内でざっとした書評の見取り図を作っていく。下書きともいうべき工程は、わたしの場合ここで完了《かんりょう》します。この作業のおかげで、いざパソコンに向かえば、たいていの場合、すぐに書き始めることができるんです。

仕事の中心が書評になったここ一〇年間で確立した、こうした★無手勝流《むてかつりゅう》の読書スタイルを、今回は具体的な本に添《そ》って、その作業の一部ではありますが、紹介していきたいと思います。対象作品は★中島京子《なかじまきょうこ》の『エ／ン／ジ／ン』（角川書店）。わたしは、物語の一行目で早くもカギカッコ＆付箋をつけています。

〈お父さんは、それはものすごいエンジンカだったのよ〉〈地球上の人類すべてを憎《にく》むような、ええ、そうなの、まさに宇宙的規模のエンジンだったからなの〉〈エ／ン／ジ／ン〉

一ページ目にして三箇所に印をつけているんです。ここで、ひとつアドバイスがあります。恰好《かっこう》をつけちゃいけません。初読《しょどく》の際は、気になった箇所にはどんどん

★無手勝流　自分勝手なやり方。自己流。

★中島京子　一九六四年生まれ。小説家。

印をつけたほうがいいんです。誰かに本を見られた時、「こいつ、こんなとこにまで傍線《ぼうせん》引いてる」と笑われてしまうんじゃないかなんて自意識《じいしき》や、本を無闇《むやみ》に汚《きたな》くしたくないという心理から、「ここぞ！」という箇所だけに印をつけたいと思ってしまうかもしれませんが、考えてもみてください。初めて読む小説の「ここぞ！」なんか、作者ではないわたしたちにわかるはずがない。少しでも気になったら傍線を引いたり、カギカッコで囲んでおく。そして、付箋をつけた箇所を拾って読み返す時に、その中から「ここぞ！」という箇所を選び出せばよいのです。

続く物語の二ページ目では〈猿人《えんじん》〉〈父がエンジンと呼ばれたのはまさに、この猿人的風貌《ふうぼう》ゆえにほかならないと〉という文章に、わたしは印をつけています。そして、「0　エンジン」という短い章で、この小説の主人公である少女が、母親とは似ても似つかないがゆえに、自分の猿《さる》のような顔は見たことのない父親から受け継《つ》いだものにちがいないと信じているという記述から、「エンジン」は「厭人《えんじん》」と「猿人」のダブルミーニングだという情報を得たわたしは、この章の終わりにある〈彼が彼女に出会ったときに思ったように〉という一文で、たちまちこの物語の中に引き込まれていきます。この、説明抜きでいきなり登場した〈彼〉なのであろうと推測《すいそく》される、葛見隆《かつみりゅう》一《いち》という青年が視点人物となる「1　夢の幼稚園《ようちえん》」で

『エ／ン／ジ／ン』の書評を書く際につけた付箋と白い紙

も、わたしはしょっぱなから付箋《ふせん》をつけています。

〈あなたは《トラウムキンダーガルテン＝夢の幼稚園《ようちえん》》の最初にして最後の園児の一人です。わずか一年のみ開園した《トラウムキンダーガルテン》は、三十周年を記念して、下記の日程で同窓会を開催《かいさい》することになりました。この機会に、ぜひご参加ください。日程は――〉

そんな妙《みょう》な知らせを二〇〇三年の三月初めに受け取った隆一《りゅういち》が、半年ほど前からくっついたり離《はな》れたりしていた恋人《こいびと》に別れを告げられ、四年間勤めた健康食品通販《つうはん》会社でのアルバイト契約《けいやく》が更新《こうしん》されない身の上にあることを知ったわたしは、ここでもこんな一文で背筋《せすじ》をぴんと伸《の》ばすことになります。

〈そういうわけで、その時期は、人生に訪《おとず》れた何度目かの長い休暇《きゅうか》のようだったと、後になってわたしを訪ねてきた彼は言った〉

〈わたし〉の出現によって、読者であるわたしは、この小説が単純な三人称《さんにんしょう》小説ではないことを理解するわけです。これは隆一が〈わたし〉なる人物に語った内容を、〈わたし〉が物語化した話なのだな――そうわかれば、読者であるわたしはおのずと、語り手と視点人物の変化、そこで語られている物語のレイヤー★に注意しながら読み進めることになります。と同時に、このような入《い》れ子《こ》状の凝《こ》った語りのありようが、この小説にとって有効打になりえているのか――書評を書く時には、その判定も出来なくてはいけないと、当該《とうがい》ページに覚え書きを添《そ》えることも忘れません。

やがて、「0　エンジン」に登場した少女が、蔵橋《くらはし》ミライという名を持つ二八歳の

★レイヤー　layer（英語）
層。階層。

女性として、幼稚園の同窓会に顔を出した隆一の前に姿を現し、この同窓会を企画《きかく》した理由を明かします。とともに、トラウムキンダーガルテンという名の奇妙《きみょう》な幼稚園のあらまし、創始したものの一年で閉園しなくてはならなくなったミライの母親・礼子《れいこ》のキャラクターも手際《てぎわ》よく説明しつつ、作者の中島氏は、この小説がこれから一九六〇～七〇年代の日本とリンクしていくことを、読者にさりげなく伝えるのです。物語が始まって、わずか三〇ページ足らずの間で。

テンポの良い語り口と、上手な「情報の遅延《ちえん》」（説明の引き延ばし）によって、早くもこの小説に魅了《みりょう》されたわたしが、その後展開する三〇〇ページ余りの物語の中で貼《は》った付箋は四七本、傍線やカギカッコはその倍以上にものぼりました。再読の際、最終的に「ここぞ！」と確信して白い紙をはさんだのは一八箇所。そして、書き上げた書評が以下のものです。

「わたし、アサマと同期なんですよ」

年若い友人にそう言われ、一瞬《いっしゅん》とまどった後「アサマ」を「浅間《あさま》」に変換《へんかん》できたのは、その時、自分たちがそれぞれどんな時代に生まれ育ったのかという会話を交《か》わしていたからなのだった。つまり彼女はあさま山荘《さんそう》事件★の年、一九七二年生まれだということが言いたかったのである。

★連合赤軍派《れんごうせきぐんは》のメンバーが浅間山荘に立てこもり、管理人の妻を人質《ひとじち》に十日間に渡《わた》って立てこもったあの事件のことは、当時十一歳だったわたしもよく覚えてい

★あさま山荘事件　一九七二年、長野《ながの》県の保養所「浅間山荘」において連合赤軍派が起こした事件。

★連合赤軍派　一九七一年から七二年にかけて活動した日本の極左《きょくさ》暴力組織。

る。アメリカン・クラッカーという流行のオモチャを巨大化《きょだいか》させたような鉄球で山荘《さんそう》を破壊《はかい》し、真冬にもかかわらず容赦《ようしゃ》なく放水しといった強行突入《きょうこうとつにゅう》の映像が、ある神話的なイメージとして記憶《きおく》に残っているのだ。

が、あさま山荘事件に限らず、そうした七〇年代的光景や状況《じょうきょう》の具体像《ぐたいぞう》は今どこを探してもない。かつての場所は別の場所へと変わってしまい、かつての学生たちは定年退職後にそばを打つ六十代となり、すべては記憶の中に残る時代のイコンと化し、懐《なつ》かしむ代物《しろもの》になってしまった。だから——。〈お父さんは、それはものすごいエンジンカだったのよ〉という一文で始まる中島京子《なかじまきょうこ》の『エ／ン／ジ／ン』を読み終えた時、自分なりの七〇年代がものすごく具体的な像を結ぶ形で蘇《よみがえ》ってきたことに、わたしは当惑《とうわく》と感動を覚えたのである。

一九七三年、トラウムキンダーガルテン（夢の幼稚園《ようちえん》）という名の〈ラブ＆ピース＆フリーダムな幼稚園〉を夢想《むそう》しながらも、たった一年で閉鎖《へいさ》を余儀《よぎ》なくされた過去を持つ母に育てられた蔵橋《くらはし》ミライ。トラウムキンダーガルテンの最初で最後の園児の一人だったことからミライと知り合い、「エンジン」「ゴリ」というあだ名を持つ、彼女のまだ見ぬ父親の行方《ゆくえ》を追う手助けをするようになる葛見隆《かつみりゅう》一《いち》。調査の過程で隆一がたどりついた短編小説『宇宙厭人《うちゅうえんじん》ゴリ』の作者である〈わたし〉。

　隆一が話してくれたことを〈わたし〉が小説化したという重層《じゅうそう》的な語りによって、作者は、ミライの父母が若き日を生きた七〇年代を多角的に現代に照射することに成功している。戦後日本の折り返し地点と呼ばれ、〈太平洋戦争終結後に作られた枠《わく》組みの中で進めてきた様々なことの、矛盾《むじゅん》が一気に噴《ふ》き出した〉六〇年代後半から七〇年代にかけての日本の光景と状況《じょうきょう》を、アメリカ主導型のグローバリゼーションに代表される、強者が弱者を食らいつくす思いやりなき時代たる現代へと結びつける強いテーマ性を、読んで面白《おもしろ》い物語の中に無理なく溶《と》け込ませる手際が見事《みごと》な作品になっているのだ。

なかでも、超《ちょう》人気スポ根★アニメ『巨人《きょじん》の星』★の裏で放映されていた『スペクトルマン』★の悪役・宇宙猿人《えんじん》ゴリの孤独《こどく》な姿に、純粋《じゅんすい》な理想に燃えながらも、その炎《ほのお》に自《みずか》らが焼き尽《つ》くされ、逆に厭人家となり人前から姿を消してしまったミライの父親の心象風景を重ねる趣向《しゅこう》が素晴《すば》らしい！　一九六四年生まれの作者ゆえに、団塊《だんかい》の世代が自らを語る際に陥《おちい》りやすい自画自賛もしくは憐憫《れんびん》、自嘲《じちょう》といった夾雑物《きょうざつぶつ》★がうるさい語り口とは違って、ニュートラルな視点を保った文体になっているのも美点のひとつ。だからこそ、わたしはこの小説を読みながら、自分自身の七〇年代の光景と状況をありありと思い出すことができたのである。この、読者を選ばない〝喚起力《かんきりょく》〟こそが、小説を大勢の人へ、次の時代へと手渡《てわた》していく重要な原動力のひとつであるのは言うまでもない。

デビュー六年目の作家が、また自らを更新《こうしん》した。これは、中島京子の最新にして最高の代表作なのである。

★スポ根　スポーツと根性を合成した語。日本の漫画《まんが》、アニメ、ドラマにおけるジャンルの一つ。

★『巨人の星』　梶原一騎《かじわらいっき》作、川崎《かわさき》のぼる画による漫画『巨人の星』を原作としたアニメ作品。一九六八〜七一年に放送。

★『スペクトルマン』　特撮《とくさつ》ヒーロー番組。一九七一〜七二年に放送。宇宙からの侵略《しんりゃく》者・宇宙猿人ゴリの送り出す怪獣《かいじゅう》対スペクトルマンの戦いを描《えが》く。

★夾雑物　あるものの中にまじっている余計なもの。

考えてみよう

1　お気に入りの小説から会話文を一つ抜き出して、それを書き出しに使って書評を書いてみましょう。

2　今まで読んで魅了《みりょう》された本にどんなものがあったか思い出し、書評を書いてみましょう。

3　句会形式で、書評合評会を開いてみましょう。

やり方

①　課題本または課題テーマに沿った本の書評を八〇〇～一六〇〇字で書き、無記名《むきめい》で提出する（自筆原稿《げんこう》はワープロで入力し、筆跡《ひっせき》が分からないようにしておく）。

②　誰《だれ》がどの書評を書いたのか分からない状態で通し番号をつける。

③　三点×書評数が持ち点になる。自分の書評には一点をつけ、他の人の書評には内容に応じて〇～一〇点をつける。合計が持ち点を超《こ》えないようにする。持ち点が余ってもよい。

④　合計点の一番多いものを「書評王」とする。

⑤　採点をもとにディスカッションする。

さらに読んでみよう

●――『どれだけ読めば、気がすむの？』豊崎由美《とよざきゆみ》〈アスペクト〉

豊崎由美の二冊目の書評集。二〇〇〇年から二〇〇四年の五年間、毎月約三冊ずつ紹介してきた原稿がまとめられています。異なる三冊の本が一つの流れの中でどのように紹介されているかを読む楽しみも味わえます。（二〇〇七年刊）

●――『大好きな本――川上弘美書評集』川上弘美《かわかみひろみ》〈文春文庫〉

小説家川上弘美の書評集。二部構成になっていて、第一部は十年間に新聞紙上に載《の》った書評を集めたもの。第二部は文庫本や全集の解説文。同じ作者による複数の本を必ず読んで、その上で好きになった本について書いていているとのこと。思わず引き込まれる書評の数々です。（二〇一〇年刊）

●――『打ちのめされるようなすごい本』　**米原万里《よねはらまり》**　〈文春文庫〉

ロシア語通訳ほか多彩な顔を持つ米原万里の書評集。これも二部構成になっています。第一部は「私の読書日記」。亡《な》くなる直前の二〇〇六年は「癌治療本《がんちりょうぼん》を我《わ》が身を以《もっ》て検証《けんしょう》」となっていて心が締《し》め付けられます。第二部は一九九五年からの十年間に書かれた書評が集められています。（二〇〇九年刊）

コラム1 本の楽しみ方――ブックトーク

面白《おもしろ》い本を読んだとき、誰《だれ》かに紹介したいと思ったことはありませんか？

ブックトークは「本を紹介することを楽しむ」方法です。一冊の本だけでなく、本と本とのつながりを見つけて、数冊を紹介していきます。どんなつながりを見つけるか、本と本とをつなげてどう聞き手の興味を惹《ひ》きつけるか、それが腕《うで》の見せ所です。

最初に好きな本を数冊選んで、そのつながりを考えてブックトークのテーマを見つける。テーマを先に考えて、それに当てはまる本を選んでみる。一番核《かく》になる一冊だけを決めて、そこから思いつくキーワードを並べてみて、つながりそうな本を選んでいく。いずれの方法をとるにしろ、本選びにその人らしさが表れます。お互《たが》いのブックトークを聞き合うことで、相手の新たな一面を発見できることもあるでしょう。

ブックトークをするときは、本の表紙やページを見せたりしますが、それ以外の工夫《くふう》を考えるともっと楽しくなります。例えば、話す時に本に登場する人物の名札や似顔絵《にがおえ》を書いて用意しておき、あらすじを語る時に取り出してみせるのはどうでしょう。本の中で重要な役目を果たしている道具のようなものがあれば、実物を見せることで聞き手に印象づけることもできます。地名が出てきたら、地図を取り出して具体的に場所を示したり、その土地の風景写真を見せてもいいかもしれません。

ブックトークは面白そうだけど、その台本を作るのが面倒《めんどう》だと思いますか？　でも、台本は用意しなくていいのです。その本の何を紹介したいのかと、次の本のどこにつなぐのかだけを考えておき、その本の魅力《みりょく》を伝えようとした方が、かえって生き生きとしたブックトークになります。台本をつくることに時間をかけるよりも、本から本へとどうつなぐかをあれこれ工夫してみましょう。

ブックトークを聞いた人が、「思わず読みたくなった」と言ってくれることが目標となります。そして、実際にその人が読んだと報告してくれたら、そのブックトークは大成功です。

第2部

日常生活を振り返る

日々の生活から少しだけ外に目を向けると、今まで知らなかった世界が見えてきます。社会を構成しているさまざまな人、身近なものについての思いがけない発見、俳句や物語が生まれる秘密など、日常生活の奥《おく》にある面白《おもしろ》い世界を探検してみましょう。

● 職人

『千年、働いてきました――老舗企業大国ニッポン』

野村進〈角川oneテーマ21〉

野村進《のむらすすむ》　一九五六年生まれ。ノンフィクション作家。アジア・太平洋地域、先端医療《せんたんいりょう》、メディア、事件、人物論などの分野で取材と執筆《しっぴつ》を続ける。著書に『コリアン世界の旅《きゅうきゅうせいしんびょうとう》』『救急精神病棟』など。

日本には創業《そうぎょう》一〇〇年を超《こ》える会社が一〇万社以上あるといいます。それは日本以外のアジアの国々では例外的なことのようです。それらの老舗《しにせ》企業《きぎょう》には時代の変化の中でみごとに生き残り、世界の最先端《さいせんたん》技術を支えているものもあります。この本はそうした日本の職人の世界の奥《おく》の深さを教えてくれます。ここで取り上げる「ヒゲタ醤油《しょうゆ》」もその一例です。日本の老舗の醤油会社とオーストラリアの羊毛刈《が》りの技術との思いがけない関係を見てみましょう。（二〇〇六年刊）

＊　＊　＊

売り手よし、買い手よし、羊よし

「羊が一匹《いっぴき》、羊が二匹……」というのは眠られぬ夜のおまじないだが、大きなベルトコンベアーに、それこそ「羊が一匹、羊が二匹……」と吸い込まれてゆく。

ここは、オーストラリア有数の牧羊地帯――。その一画《いっかく》に作られた作業場で、不《ふ》可思議《かしぎ》な光景が繰《く》り広げられている。

ベルトコンベアーに送られる前、羊たちは一匹ずつ仰向《あおむ》けにされ、脚《あし》の付け根あたりに注射をされる。

あの〜、羊って本当におとなしいんですねえ。仰向けにされてもちっとも暴れず、赤ちゃんがオムツを換《か》えてもらうような恰好《かっこう》をしている。

オムツの代わりに付けられるのが、テニスのネットみたいな白い網《あみ》だ。これを羊の下半身から上半身の首のところまで巻き付け、動いてもはずれないようにファスナーでしっかり留めて、はい、できあがり（！）。こんな「ネット羊」は、フィリップ・K・ディック★の「電気羊」のようにSFチックではないけれど、次から次へとベルトコンベアーに送られ、そのまま牧場での放し飼い生活に帰ってゆく。

それからひと月ほどして、ネット羊たちはまた作業場に舞《ま》い戻《もど》ってくる。そのネットをオーストラリア人の作業員が二人がかりではずしてみたら、あれあれ、すっぽんぽん★の羊が姿を現すではないか。羊の形をしたウールのコートが、つるりと出てきたようでもある。これこそ本当にSFチック★だ。

えっ、いったい何の話をしてるんだって？　ここに、老舗の伝統的な醗酵《はっこう》技術、それも江戸《えど》時代から醤油《しょうゆ》を造ってきた会社の技術が活《い》かされているという話なのである。

★フィリップ・K・ディック　一九二八〜八二年。アメリカのSF作家。「電気羊」は『アンドロイドは電気羊の夢を見るか』というSF小説に出てくる。

★すっぽんぽん　何も身に付けていない裸《はだか》の状態のこと。

★SFチック　「SF（Science Fiction）のような」の意味。英語の romantic, fantastic などの「-tic」を日本語の名詞の後につけて作った言葉。他に「まんがチック」など。

羊の毛刈《けが》りは、〝牧畜《ぼくちく》王国〟オーストラリアの関係者たちにとって、実は頭の痛い問題だった。

電動バリカンをあやつり、大きな羊を引っ繰《く》り返したり立たせたりして毛を刈るのは、中腰《ちゅうごし》で行う重労働で、腰を痛める作業員が多い。にもかかわらず、低賃金ときている。これでは、なり手はいないし、後継者《こうけいしゃ》も育たない。

羊にとっても、毛刈りは災難そのもの。荒《あら》っぽい作業員に当たったら、電動バリカンで肉まで削《けず》られ、血は出るわ、傷口から病原菌《びょうげんきん》に感染《かんせん》して死ぬこともあるわ、とにかく散々な目に遭《あ》ってきた。

そこで、オーストラリア連邦《れんぽう》科学産業研究機構が目を付けたのが、南半球のオーストラリアとは太平洋をはさんで反対側の北半球にある、日本の醤油《しょうゆ》会社が初めて大量生産化に成功した薬剤《やくざい》なのだった。

その醤油会社の名は、ヒゲタ醤油（以下「ヒゲタ」と略）。ヒゲタと言えば、★キッコーマンやヤマサと並ぶ、醤油醸造業《じょうぞうぎょう》の老舗《しにせ》中の老舗である。開業した元和《げんな》二年（一六一六年）は、★徳川家康《とくがわいえやす》が没《ぼっ》した年で、ちょうど今年で創業三百九十年目にあたる。創業年を比べると、ヤマサが正保《しょうほう》二年（一六四五年）、キッコーマンが寛文《かんぶん》元年（一六六一年）だから、ヒゲタが最も古い。

首都圏《しゅとけん》のそば屋で使われる醤油のおよそ八割のシェアを占《し》め、寿司《すし》屋や割烹《かっぽう》、料《りょう》亭《てい》からも圧倒的《あっとうてき》な支持がある。そんな〝★玄人《くろうと》好み〟の醤油メーカーが、羊毛を刈《か》るための薬剤《やくざい》を生産しているとは、日本でもほとんど知られていない。

★キッコーマンやヤマサ　ヤマサ醤油株式会社、キッコーマン株式会社。ともに日本の大手の醤油会社。

★徳川家康　一五四二〜一六一六年。江戸《えど》に幕府を開き、最初の将軍となった。

★玄人好み　職業や芸術においてすぐれた能力を持った専門家（玄人）が好むもの。

そもそも薬剤開発のヒントになったのが、抗《こう》ガン剤《ざい》でしばしば頭髪《とうはつ》が抜け落ちる現象だったというのは、皮肉《ひにく》と言えば皮肉である。

この薬剤には皮膚《ひふ》の細胞《さいぼう》を増やす働きがあり、それを羊に注射すると、増殖《ぞうしょく》した皮膚細胞に圧迫《あっぱく》された毛穴が、一時的に狭《せま》くなる。毛穴が狭くなれば、やがて毛も細くなり、自然に抜けてしまう。それらが散らばらないように、ネットで防いでいるのである。

抜けたところからは、すぐにまた新しい毛が生えてくる。羊の皮膚を傷つけることもなければ、薬の副作用《ふくさよう》もない。薬代は一匹《いっぴき》あたり日本円にして五十円くらいで、手刈りにかかる費用の十分の一程度だという。

こうして採れた羊毛は、品質的にも優れている。バリカンで刈った従来のものに比べ、毛先が丸いぶんチクチクせず肌触《はだざわ》りがよい。マーケットに出したら、さっそく高値《たかね》が付いた。

人は重労働から解放されるし、羊毛は高く売れるし、羊も痛い思いをせずに済む。★商才《しょうさい》にたけた近江《おうみ》商人（現在の滋賀《しが》県出身の商人）の言い習わしに「三方よし」、つまり「売り手よし、買い手よし、世間よし」を商売の理想とする考え方があるが、それをもじれば「売り手よし、買い手よし、羊よし」。

「これは、新しい★バイオテクノロジー、ニュー・バイオテクノロジーですよね。醤油というのは、微生物《びせいぶつ》をうまく活用して商品を作るわけですから、オールド・バイオテクノロジー。同じバイオだからできるんじゃないかということで、バイオに進

★商才にたけた　商売（ビジネス）をする上での、すぐれた才能があること。

★バイオテクノロジー　bio-technology（英語）　生物の持つ様々な機能を生産や医療《いりょう》などの分野に応用する技術。生物工学。

出したわけなんです」
ヒゲタの濱口敏行《はまぐちとしゆき》社長は、奇抜《きばつ》な表現を使った。
「オールド・バイオテクノロジー」――。

考えてみよう

1　ここで紹介されている新しい羊毛刈《か》りの技術は、従来の方法に比べてどのような点でよいと書かれていますか。作業員、羊、牧場の経営者それぞれの立場から見てみましょう。

2　ヒゲタ醬油《しょうゆ》のホームページ（http://www.higeta.co.jp/company/kenkyu.html）で、この羊毛収穫《しゅうかく》法の開発についての説明を読んでみましょう。この説明によると、ヒゲタの技術は、実際にはどのような点で役割を果たしたのでしょうか。

3　オーストラリアのBioclip社のホームページ（http://www.bioclip.com.au/）のBioclip®Video Footageで、本文に出てくるバイオ技術を使った羊毛収穫法（Natural Wool Harvesting System）のビデオが公開されています（二〇一二年七月現在）。ビデオを見て、本文の内容を確認してみましょう。

さらに読んでみよう

●――『道具に秘密あり』**小関智弘**《こせきともひろ》〈岩波《いわなみ》ジュニア新書〉

青森《あおもり》と函館《はこだて》を結ぶ青函《せいかん》トンネルに使われているファスナー、航空機の軽量化技術を活《い》かした超軽量《ちょうけいりょう》の折りたたみ自転車など、興味深い話題が取り上げられています。日本の物作りの技術の高さと、物を作り出す人々の工夫《くふう》に感動します。町工場《まちこうば》で長く働いてきた著者が、日本の物作りの素晴《すば》らしい世界を見

せてくれます。（二〇〇七年刊）

●――『ニッポンの心意気《こころいき》――現代仕事カタログ』吉岡忍《よしおかしのぶ》〈ちくまプリマー新書〉

「この国はバラエティに富んだ仕事人で溢《あふ》れている」。ノンフィクション作家の吉岡忍が、北海道《ほっかいどう》から九州《きゅうしゅう》・沖縄《おきなわ》までの一〇〇人を超《こ》える「仕事人」を訪ねて話を聞きました。その中には「外国人被告《ひこく》の通訳」「椅子《いす》のデザイナー」「おもちゃのお医者さん」「和紙のアート作家」などさまざまな人が登場します。（二〇〇七年刊）

●――『日用品の文化誌』柏木博《かしわぎひろし》〈岩波新書〉

私たちが普段《ふだん》使っている「紙コップ」「ゼム・クリップ」「電子レンジ」「カタログ」などはどのように生み出され、人々に受け入れられていったのでしょうか。それぞれの物が世に出てきたときのエピソードや開発中の意外な展開が明らかにされます。それらの発明や普及《ふきゅう》が、産業や社会や人々の思考のしかたにどのような影響《えいきょう》を与えたかがわかります。（一九九九年刊）

◉──神さま

『都市と日本人──「カミサマ」を旅する』

上田篤〈岩波新書〉

上田篤《うえだあつし》　一九三〇年生まれ。建築学者、建築家。日本の生活空間について思索《しさく》しながら活動を続ける。著書に『庭と日本人』『日本の都市は海からつくられた』など。

イギリスでは現代でも、ニュータウンを作るときに、町の中心には教会が建てられるそうです。著者はさまざまな国の歴史を例に挙げながら、都市と神さまの関係について述べています。そして、日本各地の町づくりの中で「カミサマ」がどのように位置づけられてきたかを見ていきます。ここで紹介《しょうかい》するのは、「日本と違ってアメリカの高層ビルには、なぜ屋上《おくじょう》がないのか」という素朴《そぼく》な疑問から、アメリカの建築における「カミサマ」の存在について述べている部分です。（二〇〇六年刊）

＊　＊　＊

★摩《ま》天楼《てんろう》はなぜつくられたか？

　ある日のこと、わたしの知り合いのアメリカ人建築家が日本にきたとき、日本のビルを見て不思議そうにこういった。

★摩天楼　天に達《たっ》するほどの高い建物の意味。超《ちょう》高層ビル。

「どうして、ビルに屋上があるんだい？」

これを聞いてわたしはびっくりした。

「アメリカのビルには、屋上がないのかい？」

それからわたしは、アメリカを訪れたとき、ビルの上部を注目するようになった。そうしてわかったことは「アメリカの高層ビルにはほとんど屋上がない」という「驚《おどろ》くべき発見」である。

その理由をアメリカ人の建築家に聞いてみたら、

「無用心《ぶようじん》だから」

といった。昔「マンハッタン島のそばにあるルーズベルト・アイランドの住宅団地に屋上がある」と聞いたので、わたしは写真を撮《と》ろうとおもってそこに上がってみたらものの五分もたたないうちに警官《けいかん》がやってきたことをおもいだした。屋上からよく泥棒《どろぼう》が侵入《しんにゅう》するからだそうだ。

それだけではない。

「ヘッド・デザインが大切だ」

と、くだん★の建築家はいう。

なるほど、エンパイアステート・ビルでもクライスラー・タワーでも、ビルの頂《ちょう》部《ぶ》はアール★デコ風に美しくデザインされている。またモダン・ビルの頂部は「屋根《やね》」がないように見えるが、その幾何学《きかがく》的な形が現代の屋根になっている。その証拠《しょうこ》に、日本のように「エレベーターの昇降《しょうこう》機械を収容する突出物《とっしゅつぶつ》が屋上から鬼《おに》の角《つの》よろし

★くだんの　件《くだん》の。例の。ここでは前に出てきた建築家を指す。

★アールデコ　一九二〇年代から三〇年代前半にかけてフランスを中心にヨーロッパで流行したデザイン。幾何学的で機能《きのう》的な美を重視《じゅうし》。

く飛びだしている」といった禍々《まがまが》しい光景にはあまりお目にかからない。ましてビルが「広告塔《こうこくとう》やネオンサインの台座《だいざ》になる」などといった惨憺《さんたん》たる日本的光景を見ることもまずない。

と、いったら、かれは、

「マンハッタンのビルは、みんなカテドラル★のつもりでつくっている」

といったのには驚《おどろ》いた。

そういえば、わたしの友人がニューヨークのさる★経済人の集まりで演説をしたとき「わたしは金のためではなく、世のため、人のために働いている」といって、なんと聴衆《ちょうしゅう》の顰蹙《ひんしゅく》★を買った、という話をおもいだした。「日本なら大受《おおう》けするはずなのに、アメリカではさっぱりだ」とかれはぼやく。そこでかれが現地に長く住んでいる日本の友人に「どういったらいいのか」と尋《たず》ねたら、その友人は「神さまのために働いている、といいなさい」といったそうである。

社会学者のマックス・ウェーバー★は、

人間は神の恩恵《おんけい》によって与えられた財貨《ざいか》の管理者にすぎない。（大塚久雄《おおつかひさお》訳《やく》『プロテスタンティズムの倫理《りんり》と資本主義《しほんしゅぎ》の精神《せいしん》』）

といった。たしかにアメリカでは、大学や病院の多くの建物が功《こう》★なり名《な》とげた人たちの寄付《きふ》によって建てられているが、それは聖書の、

★カテドラル　cathédrale（フランス語）キリスト教の聖堂《せいどう》。

★さる　然《さ》る。具体的な名前や内容を示さずに、人・場所・物事などを指す言葉。ある。例えば「さる所（ある所）」。

★顰蹙を買う　人に不快な気持ちを与える言動をして嫌《いや》がられること。

★マックス・ウェーバー　一八六四～一九二〇年。ドイツの社会学者、経済学者。

★功なり名とげた　「功成り名遂《と》げる」とは、立派な仕事

あなたがたは地上に富《とみ》を積んではならない……富は、天に積みなさい……あなたの富のあるところに、あなたの心もあるのだ。（「マタイ伝」六・一九―二一）

によっている。したがって死ぬときには「財貨は多く子孫に残さず神の下に返す」という気風がある。つまり、社会の福祉《ふくし》施設《しせつ》などに寄付していく人が多いのだ。となると、アメリカの大都市のスカイスクレーパー★も「神のために働く人々」にとっての「現代のカテドラル」なのかもしれない。

というふうにみてくると「では、現代日本の都市はどうか」と気になってくる。現代日本の都市には、はたして神さまがおられるのだろうか。

たしかに神話上では、★伊邪那岐命《いざなぎのみこと》と伊邪那美命《いざなみのみこと》の二柱《ふたはしら》の神さまが国土をつくったことにはなっている。すると都市もそうなのか。そして現在の都市にも神さまがいらっしゃるのだろうか。

そこで「日本の都市を旅してみよう」と、わたしはかんがえた。

考えてみよう

1　次の写真は、ニューヨークの高層ビルの風景です。自分の知っている都市のビルの屋上《おくじょう》と比較《ひかく》してみましょう。

を成しとげ、名声も得るという意味。

★スカイスクレーパー　sky-scraper（英語）　超《ちょう》高層ビル。摩天楼《まてんろう》。

★伊邪那岐命と伊邪那美命　日本の神話に登場する男女の神。

2　日本のビルについての「禍々《まがまが》しい光景」「惨憺《さんたん》たる日本的光景」という表現には、日本のビルに対する著者のどんな見方が強調されているでしょうか。

3　日本にも、「鎮守《ちんじゅ》の杜《もり》」「道祖神《どうそじん》」「地蔵《じぞう》（お地蔵様）」など、古来から人々と神や仏《ほとけ》とのつながりを示すものがあります。あなたの身近でそうした「カミサマ」を探してみましょう。

さらに読んでみよう

●――『ふしぎなキリスト教』　橋爪大三郎《はしづめだいさぶろう》・大澤真幸《おおさわまさち》〈講談社《こうだんしゃ》現代新書〉

日本は近代化の過程で西欧《せいおう》から様々な考え方や制度を学びました。しかし、それらの背景となっているキリスト教についての理解は乏《とぼ》しいままです。この本では社会学者の二人が、キリスト教の起源、ほかの宗教との違い、イエス・キリストの謎《なぞ》、近代社会への影響《えいきょう》などについて、日本人の持つ疑問を大胆《だいたん》に取り上げ、わかりやすく説明しています。（二〇一一年刊）

●『世界の教科書で読む〈宗教《しゅうきょう》〉』 藤原聖子《ふじわらさとこ》 〈ちくまプリマー新書〉

異文化を理解する上で、宗教は大きな要素になります。この本は、「世界の宗教の姿を、各国の現地の人たちの目を通して理解する」という目的で、アメリカ、フランス、トルコ、インドネシア、韓国《かんこく》など九つの国の宗教や宗教教育の現状、宗教教科書の内容などを紹介しています。異なる宗教への対応や、信者《しんじゃ》の日々の暮らしについても知ることができます。（二〇一一年刊）

●『東京の美学――混沌《こんとん》と秩序《ちつじょ》』 芦原義信《あしはらよしのぶ》 〈岩波《いわなみ》新書〉

たたみを敷《し》いた日本の家は、床《ゆか》を一段高く作り、それによって家の内と外をはっきりと分けています。それに対し、壁《かべ》によって仕切られた西欧《せいおう》の建築は家の内と外が空間的に同一視《どういつし》されており、それが都市の街並みの統一につながっていると著者は指摘《してき》しています。欧米の建築と比較《ひかく》しながら、日本の自然環《かん》境《きょう》や日本人の生活習慣などが、住居や街作りにどのように影響しているかを検討しています。（一九九四年刊）

『悪あがきのすすめ』

辛淑玉〈岩波新書〉

「悪あがき」とは、「してもしかたがないことを、あせってあれこれと試みること」（『大《だい》辞泉《じせん》』）、「どうにもならない状況《じょうきょう》なのに、あせってむだな試みをすること」（『明《めい》鏡《きょう》国《こく》語《ご》辞《じ》典《てん》』）です。この本は、息苦《いきぐる》しい今の社会の中で、明るく前向きに生きていくコツを教えてくれます。ここでは、著者が立ち上げたイベント企画《きかく》会社での奮闘《ふんとう》ぶりが描《えが》かれた部分を紹介します。（二〇〇七年刊）

辛淑玉《しんすご》　一九五九年生まれ。人材育成コンサルタント。香《こう》科舎《がしゃ》代表。企業《きぎょう》、自治体、教育機関などで人材育成、人権に関わる講演を行う。著書に『女が会社で』『在日《ざいにち》コリアンの胸のうち』など。

＊　＊　＊

会社を設立して三年目のこと。ある博覧会で、企業《きぎょう》★パビリオンの運営を任された。金なし、人なし、時間なしの、あまりにもひどい条件なので、他に引き受けるところがなかったのだ。

★コンパニオンの面接試験では、クライアント企業の男性上司たちが自分の好みの

★パビリオン　pavilion（英語）　博覧会などの展示館。

★コンパニオン　companion（英語）　ここではイベントや展示の案内係のこと。

女性にばかり丸をつけたのに対して、私は、仕事に取り組む意志があるかどうか、の一点のみを採点基準とすることに徹《てっ》した。

これまで他の仕事をうまくやってきたかどうかは、どうだっていい。あらゆることに失敗は付き物だからだ。技術的なことはいくらでも教えられる。やる気があるかどうかが、イベント成功の鍵《かぎ》だと考えたのだ。

面接の結果、私が決めた採用メンバーを報告すると、すぐに呼び出されて、「お前、あんなにたくさんいたのに、どうしてこんな、チビ、デブ、ブスばかり採《と》るんだ」と怒鳴《どな》られた。

そこで私は、「お言葉ですが、チビというのは、何センチ以下のことですか？　背が高い低いは相対的なことでしょう？　お客様の身長はみんな一緒《いっしょ》なのですか？　仕事をする上で太っていることが問題ですか？　ブスとはどこからどこまでを指していうのですか？　あなたは自分の顔を見たことがありますか？」と言い返した。

博覧会への出展というのは、企業《きぎょう》にとって莫大《ばくだい》な費用をかけた広報活動であるとともに営業活動でもある。企業イメージのアップと売り上げにつながらなくてはならない。本気で同業他社との競争に勝ち抜こうとするなら、博覧会という短期間勝負の場で、お客さんに好印象《こういんしょう》をもってもらうには、どのような人材を採用すればよいか、その答えは簡単に出るはずなのだ。

私の人選で採用されたコンパニオンたちは、抜群《ばつぐん》にユニークだった。年齢《ねんれい》は一八歳から七二歳まで。学歴も中卒から大学院卒まで。未婚《みこん》に既婚《きこん》に子どもあり。これ以上ないほど多種多様になった。身長も一五〇センチから一七二センチまでと、体《たい》格《かく》もいろいろ。スタイリストが飛んできて、「なにを着せればいいのですか⁉」と慌《あわ》てていた。

結局、予算の都合でお揃《そろ》いのユニフォームは一着しか作れず、残った生地《きじ》は各自に支給した。これをそれぞれが思い思いのスタイルに加工して、個性あふれるユニフォームにした。正確に言うと「統一された様式」（ユニフォーム）ではないのだが、とにかく、そのユニフォームで会場を沸《わ》かすファッションショーをこなした。

語学を学ばせるような時間も予算もないため、研修期間中、各国語の放送を流し続けた。音で何語かが判断できるようになれば、あとはパフォーマンスを教え、想定されるQ＆Aのマンガを持たせるだけ。外国からのお客さんへの対応は、これでほぼ問題なかった。

さらに、コンパニオンが一方的に説明をするのではなく、お客さんから話を聞く、一緒《いっしょ》に話すという形をとり、★スタンバイポーズもやめさせた。

子どものいるコンパニオンは、子連《こづ》れのお客さんにとくに人気が高かった。多様な人材が多様な客層と見事《みごと》に一致《いっち》して、博覧会の全入場者の三〇％以上が来館してくれた。他のパビリオンより給料は安く、仕事は倍だったにもかかわらず、期間中だれ一人として辞めることもなかった。しかも一円もかけずに一〇〇本以上のイベントをこなした。マスコミの取材率もトップだった。

★スタンバイポーズ　stand-by（英語）＋pose（英語）　コンパニオンが客のために待っているときのポーズ、姿勢。

スタッフをとことんまで信頼《しんらい》して、「何でもやってみよう、お金はないけれど」を口癖《くちぐせ》に、やる気さえあれば何とか形になる、という思いだけを伝え続けた。彼女たちはそれに応《こた》えて、嬉々《きき》として取り組んでくれた。

金がないなら、知恵《ちえ》を使う。体を使う。そして無《む》から有《ゆう》を生んでみせる。

パビリオン入場時の混雑で長い行列ができたときなど、他のパビリオンのように、「ここから先は○○分待ち」というプラカードを持って並ばせるだけのようなことはしなかった。彼女たちは列の中に飛び込み、「あんたぁ★どっからきとぉ？　あんたはぁ？」と聞きながら、そこに並んでいる人同士で会話ができる空間を作ったり、パビリオン会場にある植物に水をあげるときにうっすらと虹《にじ》ができることを知ると、傘《かさ》を持って虹を見るイベントにしてしまったり、お客さんと一緒に★バンブーダンスを踊《おど》ったり……。

彼女たちにとって、すべてがわくわくする体験の連続だったのだ。

「ブスばかり採用して」とぶつぶつ言っていた上司は、閉会時には「どこにこんなきれいな子がいたんだ？　最初からいたか？」と目をぱちくりさせていた。自分の意志で動く人が美しいのは当たり前だ。

あるコンパニオンは、「一人じゃない。自分があきらめたら悲しむ人（同僚《どうりょう》）がいるんだと思ったら、やめられなかった。そして、やってみたらが形になって、お客さんが喜んでくれて、やればできるんだと思った」と語った。

★ないないづくしの中でも、あきらめてじっとするのではなく、とにかくなんでも

★どっからきとぉ　「どこからきた」の意味。九州の一部の方言。

★バンブーダンス　フィリピンなどで行われる竹を使った踊り。

★ないないづくし　必要なものがない状態。ないものだらけ。

やってみる、あがいてみる。そうしているうちに、小さなことではあっても、一つひとつ形になる。そして、気がついたら、ものすごい結果が残される。その事実は、彼女たちの生き方や人との関わり方を大きく変えることになった。

これを機《き》に、私の会社も、★男女雇用《こよう》機会均等法をベースに生産性を上げた研修屋《けんしゅうや》として業界で認知《にんち》されるようになった。

根拠《こんきょ》のない、なれ合いだけの慣例を優先せずに、本来の目的に照らして真っ当《まとう》だと思えることに集中し、それをしつこく果敢《かかん》に実行する。「開かれた道理」のための悪あがきとは、平たく言うと、こういうことだ。そうすれば、その人の個性がいかんなく発揮される。

★男女雇用機会均等法　就職や仕事の上での女性への差別をなくすことを目的として、一九七二年に作られた法律。一九九九年に改正。

悪あがきは、人を輝かせる

この博覧会での仕事は、私の大切な教訓となった。

考えてみよう

1　博覧会のパピリオンをめぐるエピソードで、あなたが面白《おもしろ》いと思ったところはどこですか。なぜそこが面白いと思ったか話し合ってみましょう。

2　コンパニオンの選び方について、著者と依頼主《いらいぬし》（クライアント企業の男性たち）とでは、どんな考え方の違いがあったでしょうか。

3　このイベントが終わったあと、著者は依頼主（クライアント企業の男性たち）にどんなことを言いたかったと思いますか。その言葉を想像してみましょう。

さらに読んでみよう

●――『怒《いか》りの方法』　**辛淑玉《しんすご》**　〈岩波《いわなみ》新書〉

「他者に対して怒れるためには、正しいこと、良いこと、美しいこと、公平なこと、合理的なことなどについて、価値観《かちかん》や基準が自分の中になければならない」。著者は、正当な怒りを封《ふう》じ込《こ》めれば社会はますます歪《ゆが》んでしまうと言います。私たちはどうすれば、怒りを効果的に伝えられるのか。社会への怒りはどう表現すればいいのか。「怒り上手《じょうず》」な著者が具体的に教えてくれます。（二〇〇七年刊）

●――『「生きづらさ」について――貧困、アイデンティティ、ナショナリズム』　**雨宮処凛《あまみやかりん》・萱野稔人《かやのとしひと》**　〈光文社《こうぶんしゃ》新書〉

日本では年間の自殺者数が三万人を超《こ》えています。人間関係などの精神的な問題に加え、労働市場《しじょう》の流動化による、「使い捨て労働」や貧困《ひんこん》や格差《かくさ》の問題によって「生きづらさ」を感じる人も増えています。こうした問題に取り組んでいる雨宮が、萱野とともに現代日本の「生きづらさ」の要因や、その中から立ち上がろうとしている人々の動きについて語り合っています。（二〇〇八年刊）

●――『夕凪《ゆうなぎ》の街《まち》　桜《さくら》の国』　**こうの史代《ふみよ》**　〈双葉《ふたば》文庫〉

この本は文化庁メディア芸術大賞を受賞した漫画《まんが》です。「夕凪の街」は被爆《ひばく》後の広島《ひろしま》、「桜の国」はその後の東京・広島を舞台《ぶたい》にしています。普通の市民の人生を奪《うば》い、その子どもたちをも苦しめる原爆《げんばく》の理不尽《りふじん》さとともに、その中で生きる人々の強さや優しさがみごとに描《えが》かれています。（二〇〇八年刊）

◉──手話

『手話の世界を訪ねよう』

亀井伸孝〈岩波ジュニア新書〉

手話は耳の不自由な人たちによって使われる言語で、豊かな語彙《ごい》と独自の文法をもっています。また、音声言語と同じように、それぞれの国にはそれぞれの手話があります。手話は一般的《いっぱんてき》なジェスチャーとどんな違いがあるのでしょうか。手の形や動き、視線や表情などがどのように働いて、いろいろな文を作り出すのでしょうか。著者とともに手話の世界をのぞいてみましょう。(二〇〇九年刊)

亀井伸孝《かめいのぶたか》　一九七一年生まれ。理学博士、手話通訳士。専門は文化人類《じんるい》学、アフリカ地域研究。著書に『アフリカのろう者と手話の歴史』『森の小さな〈ハンター〉たち』など。

＊　＊　＊

手話はジェスチャーではない

次に、手話ということばの特徴《とくちょう》について見ていきましょう。国や地域によって手話は異なりますが、以下では日本手話の例を中心に紹介します。

手話は手を動かして話しますので、一見《いっけん》すると、ジェスチャー(身ぶり)と同じようなものだと思われるかもしれません。しかし、実際にろう者どうしの会話を見ればすぐに分かりますが、手話の動きはものすごく速く、しかもまるで具体的な物の形を表現してはいません。

たとえば、図は「一か月」という語で、手話学習の始めの頃《ころ》に必ず学びます。しかし、なぜ「人さし指一本でほおにふれて前に動かすこと」が「一か月」を意味することになるのか、どんなにほおや指の構造を観察してみても、よく分かりません。これは、そういう意味の語だとして、そのまま覚えるしかないわけです。

英語の勉強をする時に、「boy」がなぜ「少年」の意味になるのか、「b」「o」「y」にはそれぞれどんな意味があるのかと★勘《かん》ぐっていても、理解は進みません。そこにはとりたてて必然的な理由があるわけでなく、「b-o-y」という組み合わせが全体として「少年」という意味をもつのだと覚えます。手話でも同様で、語の意味と手の形・動きの間には、必ずしも具体的な関係がないことがしばしばです（「恣意性《しいせい》」といいます）。

★勘ぐる　気を回してあれこれ悪い意味に考える。

日本手話の語「1か月」

日本手話で、人さし指一本と顔を使って表現される、いくつかの語を集めてみました。それぞれ、どのような意味になるか分かりますか（答えは71ページ）。

なるほど、「音」は耳と関係がありそうですし、鼻を指す「私」は、日本の聴者《ちょうしゃ》のジェスチャーと近いものに見えます。しかし、なぜあごを指すと「不思議」に

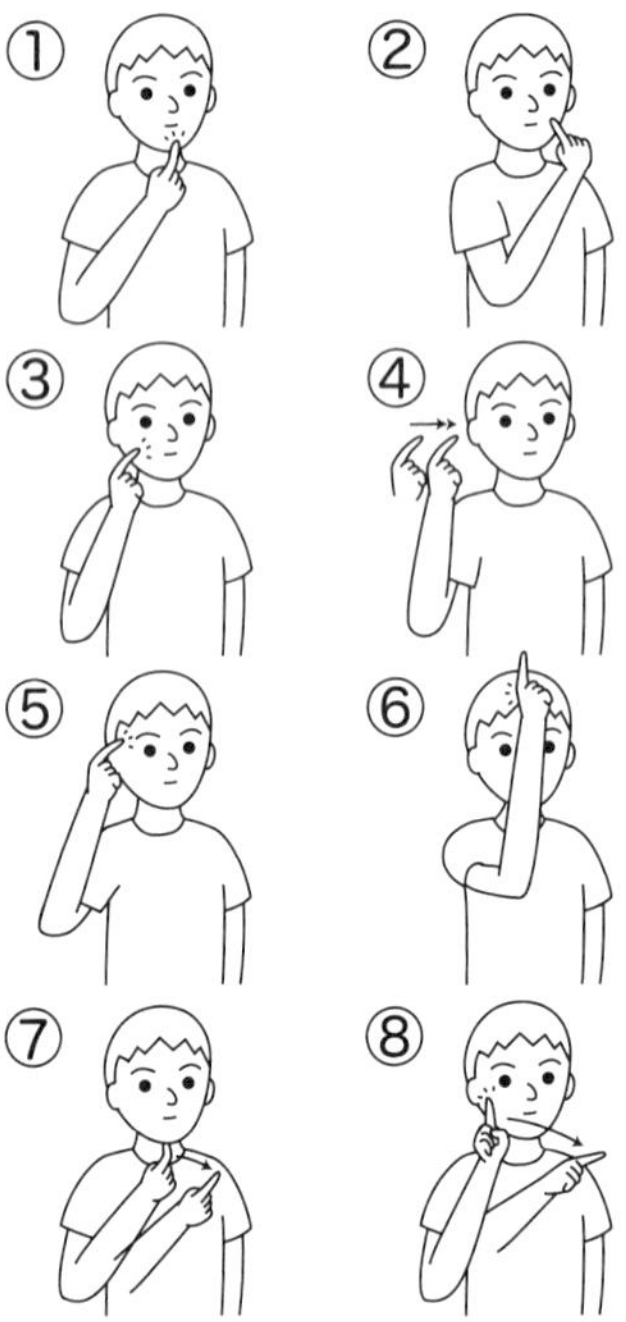

人さし指と顔だけで表現できるさまざまな日本手話の語

なり、ほおを指すと「ウソ」になるのか、これは考えても説明がつきません。

「手話は見て分かるジェスチャーだ」という発想にこだわっていたら、手の位置と動きを変えるだけでこれほどの多様な意味を生み出しているという実態は、見えてこないかもしれません。ろう者の目で見れば、人の顔は連続した表面なのではなく、あご、ほお、耳、鼻、こめかみ、ひたいなど、いくつかのパーツに分かれています。そのうちのどの位置に手があり、それによりどんな意味の語が作られているかを、瞬時《しゅんじ》に察知《さっち》しています。

なお、「ウソ」の手の形を、人さし指と中指の二本にすると、「松《まつ》」という語になります。指一本の違いで、まったく異なる意味の語にとんでしまうのです。「boy（少年）」の一文字を変えただけで「toy（おもちゃ）」や「soy（大豆）」という、まったく違う意味の語になってしまうのと同じようなことが、手話でも起こります。

ここから分かることを、まとめておきましょう。まず、手の形・動きと意味の間には、見てそれと分かるような明らかな関係があるとは限りません。また、指一本、手の場所一つなどの限られた要素が置き換《か》わるだけで、まったく想像もできない違った意味の語になることがあります。そして、これら表現を組み立てる要素である手の形や位置、動きは、どうやら無限ではなく、いくつかに限られているということです。〔中略〕

日本語とは異なる手話の文法

手話には、日本語と異なる独自の文法があります。この本でそのすべてを紹介することは難しいので、とくに表情を中心に紹介しましょう。

「食べる」という語があります。このたった一語に、さまざまな表情をともなわせることで、意味の異なった文をいく通りも作ることができます（次ページ図）。

① 「食べる」の後に軽くうなずきをつけると、「食べます。」という肯定文《こうていぶん》になります。

② 「食べる」の後に、あごを引き、眉《まゆ》を上げ、相手の目を見て静止すると、「食べる?」という疑問文になります。

③ 「食べる」の後に、あごを軽く出して戻《もど》すと、「食べなさい!」という命令文になります。

④ 「食べる」の後に、目をつむり、軽く首を横に振《ふ》ると、「食べません。」という

69ページのクイズの答え
①不思議　②私　③ウソ
④音　⑤思う　⑥ドイツ
⑦もういちど　⑧スムーズ

否定文になります。

⑤「食べる」の後に、ゆっくりとした軽いうなずきを何度がくり返すと、「食べるだろう。」という推量《すいりょう》の文になります。

⑥②での、「食べる」＋あご引き＋眉《まゆ》上げは、「もし食べるならば…」という条件を含《ふく》む文の一部となることもあります。

驚《おどろ》くべきことに、どれも手は「食べる」の一語しか表現していません。それ以外の要素は、すべて表情の違いだけで示され、区別されているのです。ろう者は、このような規則をふだんの手話の会話の中で使っていますが、聴者《ちょうしゃ》はこれらの表情の区別がなかなかできず、意味を取り違えたり、誤訳《ごやく》をしてしまったりすることがあります。名前こそ「手話」という言語ですが、実際は「手と顔の言語」なのです。

語順も、日本語と大きく異なる点です。「私は魚を食べる。」というときの語順は、日本語と同じで「私」＋「魚」＋「食べる」となります。しかし、「私はまだ魚を食べない。」というときは、「私」＋「魚」＋「食べる」＋「まだ」の語順となり、「まだ…ない」と動詞を前後からはさむ形はとりません。

「私が食べたいのは、魚です。」というときは、「私」＋「食べる」＋「ほしい」＋「何」

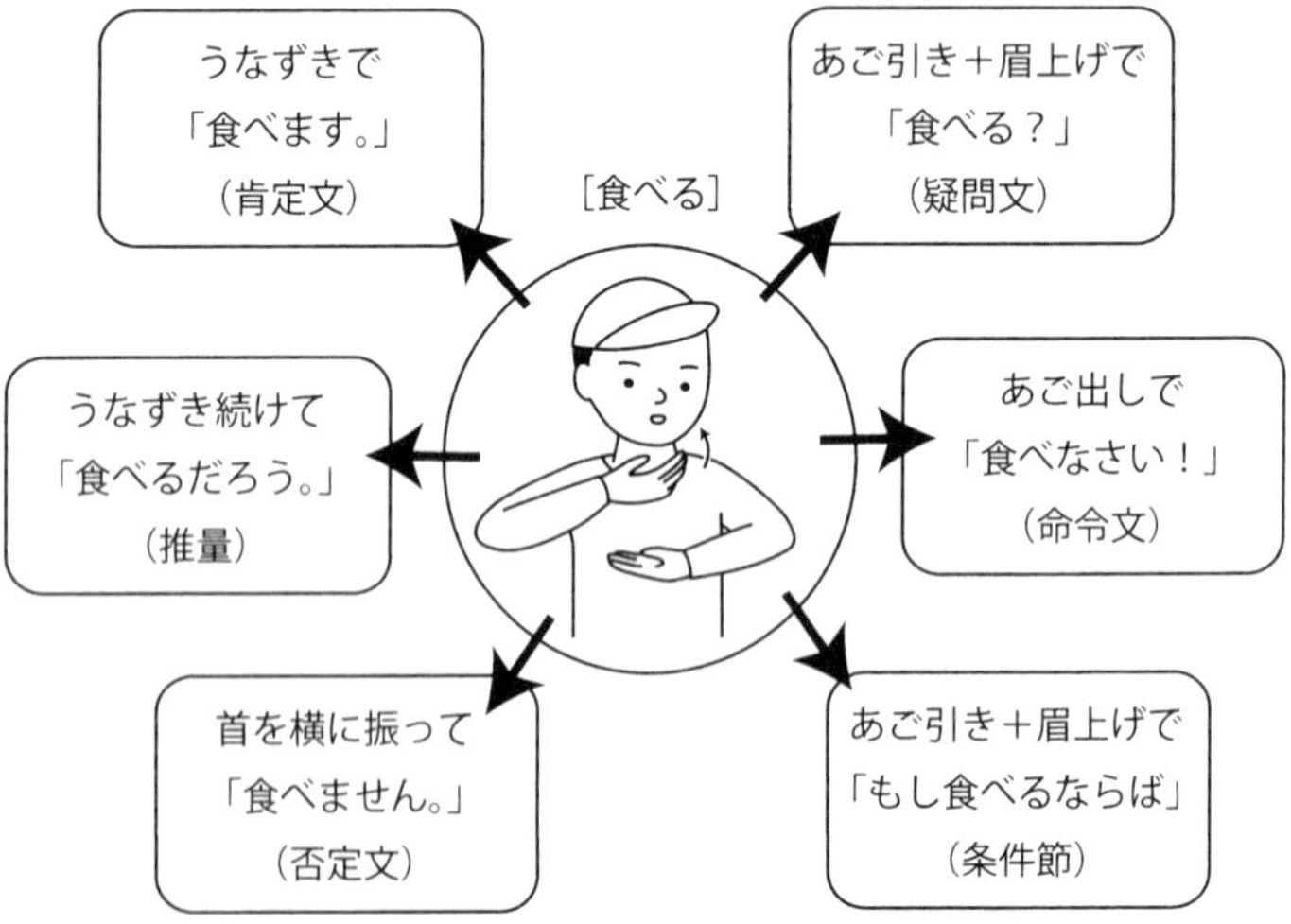

［食べる］
うなずきで
「食べます。」
（肯定文）
あご引き＋眉上げで
「食べる？」
（疑問文）
うなずき続けて
「食べるだろう。」
（推量）
あご出しで
「食べなさい！」
（命令文）
首を横に振って
「食べません。」
（否定文）
あご引き＋眉上げで
「もし食べるならば」
（条件節）

表情は手話の重要な文法

＋「魚」という順に、語が並びます。「私が食べたいもの」という語のまとまりを作るときに、「何」という疑問詞《ぎもんし》と同じ語を入れるのです。ちょうど英語で、「私が食べたいもの (what I want to eat)」と、疑問詞と同じ what が現れるのと、とてもよく似ていますね。

また、指さしも重要です。一人称《にんしょう》の「私」は鼻、二人称の「あなた」は相手、三人称の「彼／彼女」は、斜《なな》め前方を指します。「私たち」「あなたがた」「彼ら／彼女ら」と人称が複数になったときは、単数のときと異なる表現となります。これらは、文の主語となり、あるいは目的語となって、複雑な文を構成する要素となります。

手話独自の語彙《ごい》の作られ方があり、それらが独特の語順の規則で並び、表情と指さしが加わって、無限の表現力をもった文が次つぎと生み出されていきます。

手話は、具象《ぐしょう》的なジェスチャーどころではありません。さらに、手話の語だけを覚えて並べたところで、正しい手話の文にならないので意味は通じません。やはり、手話の文法を一から学ぶ必要があるのです。

考えてみよう

1　70ページに挙げられている「松《まつ》」という手話は、松のある特徴《とくちょう》を表しています。実際に手話をしてその動作の意味を考えてみましょう。

2　71～72ページの「食べる」という語を使った文を実際に手話で表現して、顔の表情がどのように使われるか、また手の動きとどのように連動するかを体験してみましょう。

3　一般《いっぱん》的な「ジェスチャー」と「手話」とはどんな点で違いがありますか。本文から分かったことを箇《か》条《じょう》書きにまとめましょう。

さらに読んでみよう

●――『手話《しゅわ》あいうえお』　**丸山浩路《まるやまこうじ》**　〈NHK出版生活人新書〉

プロの手話通訳者によって書かれた本で、「ありがとう」「うれしい」「友だち」「チャレンジ」など四十七の手話とそれぞれの言葉をめぐる短いエッセイが載《の》っています。また、それぞれの言葉を使った手話の例文も図示されています。手話の持つ豊かな表現力と手話の楽しさが味わえます。（二〇〇一年刊）

●――『手話ということば――もう一つの日本の言語』　**米川明彦《よねかわあきひこ》**　〈PHP新書〉

手話は長い間言語として認められず、手話の使い手としてのろう者の人権も無視されてきました。著者は、手話の苦難の歴史を明らかにするとともに、言語学の専門家の視点から手話の特徴《とくちょう》を解説しています。豊かな表情、美しい動き、面白い表現など、手話の魅力《みりょく》にもふれています。（二〇〇二年刊）

●――『声が生まれる――聞く力・話す力』　**竹内敏晴《たけうちとしはる》**　〈中公新書〉

病気のため十六歳まで耳がほとんど聞こえなかった著者は、言葉による表現の専門家として「からだとことばのレッスン」を行うとともに演出家としても活動してきました。自分の経験をふまえ、言葉を伝えるために相手に向かって声を出すこと、そして声を出すためにしっかりと息を吐《は》くことの大切さを訴《うった》え続けてきました。相手に届く声とは何か、言葉とは何か、具体的なレッスン例を挙げながら説明しています。（二〇〇七年刊）

『物語の役割』

小川洋子〈ちくまプリマー新書〉

小川洋子《おがわようこ》　一九六二年生まれ。作家。「妊娠《にんしん》カレンダー」で芥川賞を受賞。その後もさまざまな作品を通じて、静謐《せいひつ》な世界へと導いてくれている。著書に『博士の愛した数式』『ミーナの行進』など。

この本は、★芥川賞《あくたがわしょう》受賞作家である著者が物語の魅力《みりょく》や役割についてこれまで講演してきた内容をまとめたものです。小説の創作の秘密や、物語を言葉で表現する喜びが書かれています。ここでは、フランス人作家のノンフィクションや自著★『博士《はかせ》の愛《あい》した数式《すうしき》』を例に、小説が生まれる過程について述べているところを読んでみましょう。（二〇〇七年刊）

＊　＊　＊

小説は過去を表現するもの

ここまで述べてきたことと関係があると思うのですが、小説は常に過去を表現するものだという気がします。それは言葉が常に後からくるものだ、ということと関わりがあるのかもしれません。たとえばここにボールペンがある。そのとき、「ボールペン」という言葉が先にあるのではなく、まず物体がここにあって、それを他の

★芥川賞　芥川龍之介《あくたがわりゅうのすけ》を記念して、年二回新人作家に与えられる文学賞。

★『博士の愛した数式』「さらに読んでみよう」参照。

ものと区別するために、この物体にボールペンという名前をつけたわけです。だからものの後ろから言葉がやってきているのです。

何かが起こる。それを表現する。紙の上に再現する。これが言葉の役割です。言葉が最初にあって、それに合わせて出来事が動くことは絶対にありえません。ですから過去を見つめることが、私は小説を書く原点だと思います。

小説を書いているときに、ときどき自分は人類、人間たちのいちばん後方を歩いているなという感触《かんしょく》を持つことがあります。人間が山登りをしているとすると、そのリーダーとなって先頭に立っている人がいて、作家という役割の人間は最後尾《さいこうび》を歩いている。先を歩いている人たちが、人知れず落としていったもの、こぼれ落ちたもの、そんなものを拾い集めて、落とした本人さえ、そんなものを自分が持っていたと気づいていないような落とし物を拾い集めて、でもそれが確かにこの世に存在したんだという印《しるし》を残すために小説の形にしている。そういう気がします。

このことは先に述べた、小説を書いていると死んだ人と会話をしているような気持ちになる、ということと同じ意味合いを持っています。ここに、私が繰《く》り返している思いを象徴《しょうちょう》するような本があります。フランス人作家、★パトリック・モディアノが書いたノンフィクション作品『１９４１年。パリの尋《たず》ね人』です。これは、ある日、古い新聞をめくっていたモディアノが、偶然《ぐうぜん》尋ね人の欄《らん》に目を留めたところからはじまります。パリがナチスドイツ占領下にあった一九四一年、十二月三十一日付のその新聞には、ドラ・ブリュデールという名の、十五歳の少女の行方《ゆくえ》を捜《さが》す

★パトリック・モディアノ
Patrick Modiano　一九四五年生まれ。フランスの作家。

記事が載《の》っていました。会ったこともない、自分とは全く無関係なその少女の存在が、訳もなく心から離《はな》れなくなったモディアノは、あらゆる資料をあたり、少女がどんな生《お》い立《た》ちで、どんな運命をたどったのか、十年の歳月《さいげつ》を費やして調査してゆきます。彼女が残したほんのわずかな痕跡《こんせき》を記録したのが、この本なのです。

やがて、貧しいユダヤ人移民労働者の娘《むすめ》ドラは、一九四二年、第34移送列車により、★アウシュヴィッツに送られ、ガス室に消えたであろう、という事実が明らかになってきます。

ドラは有名人ではありません。ガス室に消えたほとんどすべての人々がそうであったように、彼女もまた平凡《へいぼん》な日常を生きた少女でした。けれど確かに彼女はこの世に存在し、自分の人生を生きたのです。モディアノがその足跡《あしあと》を明らかにしたとしても、彼女が生き返るわけではありませんが、作家が言葉を記《しる》したことによって、ドラの存在の証《あかし》がこの世に刻まれたことは確かです。この作品を書くことによってモディアノは、死者からこぼれ落ち、誰《だれ》からも見捨てられた記憶《きおく》を大事に両手ですくい上げ、そうすることで死者と言葉を交《か》わしたのだと思います。

本書の前書きでモディアノは、寄せられた批評の中で最も心打たれた一文として、次のような言葉を挙げています。

「もはや名前もわからなくなった人々を死者の世界に探しに行くこと、文学とはこれにつきるのかもしれない」

書くことに行き詰《づ》まった時、しばしば私はこの文章を読み返します。そして心を

★アウシュヴィッツ Ausch-witz（ドイツ語）第二次世界大戦中に、ナチス政権によってつくられたアウシュヴィッツ強制収容所《きょうせいしゅうようじょ》。ポーランド南部。

落ち着かせ、死者の声を聞き取ろうと、じっと耳を澄《す》ませます。次に書くべき言葉をじたばた探そうとするのではなく、耳を澄ませる。するとまた、書くことのリズムが戻《もど》ってくるような気がするのです。

あらゆるものの観察者になる

ですから、自分の経験した過去を書く必要はないわけです。人が落としていった記憶《きおく》を想像していけばいい。過去を見つめるという態度は、作家が観察者になることです。小説の中でも語り手は常に観察者です。「★リンデンバウム通りの双子《ふたご》」の場合であれば「僕」。『博士《はかせ》の愛《あい》した数式《すうしき》』の場合は家政婦《かせいふ》さんの「私」ということになります。

『博士の愛した数式』の場合も、やはり橋を架《か》ける作業が行われています。博士がいて、★ルートがいて、私（家政婦さん）がいる。この三人が非常に安定した強固な関係を築けるのはなぜかというと、博士の記憶が八十分しかないからです。彼は、一《いっ》瞬《しゅん》を繰《く》り返しているだけなのです。継続《けいぞく》した時間の中でお互《たが》いの人格をぶつけあったり、情念《じょうねん》を戦わせたりしていない。八十分しか記憶がもたないということで、そういうことのできない状況《じょうきょう》に陥《おちい》っている。これとまったく正反対に数は永遠です。比喩《ひゆ》的《てき》な永遠ではなく、絶対《ぜったい》的な永遠です。一方、博士たちが暮らしている、過ごしている時間は一瞬です。この間に橋を架けることが必要になってきたわけです。

永遠と一瞬。あるいは、数と言葉。正反対のように見える概念《がいねん》を、一つの王国の中

★「リンデンバウム通りの双子」　小川洋子の『まぶた』という短篇《たんぺん》集に収録されている小説。

★ルート　『博士が愛した数式』に出てくる家政婦の息子。

に共存させたいと思って書いたのが『博士の愛した数式』です。結局、八十分を繰《く》り返し生きている三人は、ハムスターが小さなカゴの中でくるくる廻《まわ》っているように、八十分を繰り返すことで、ある種の永遠を感じているのです。八十分は一瞬だけれども実は永遠であるというふうに、本来矛盾《むじゅん》するものが矛盾しないで共存できた。だからこの三人は至福《しふく》の時を過ごすことができたのではないかなと思います。

このような一瞬と永遠を一つの島に共存させるということからイメージ、情景を思い浮かべる。つまり博士が住んでいる離《はな》れのイメージが浮かぶ、でもそこはすでに廃墟《はいきょ》になっています。自分がそこに立っている。ここに昔、小さな離れが建っていて、記憶に障害を負った老いた数学者が住んでいた。そこに家政婦さんがやってくる。子どもがやってくる。そこにいったい何が起こるだろうか。それを想像して書いたわけです。

考えてみよう

1　著者の「作家」としての姿勢をよく表している部分を探し、その部分をもとに、著者の考える小説とはどんなものかを短くまとめてみましょう。

2　『博士の愛した数式』の中で、八十分を繰り返し生きている三人にとって、「八十分は一瞬だけれども実は永遠である」と書かれています。なぜ「一瞬」だけれども「永遠」であると言えるのでしょうか。

3　著者は『博士の愛した数式』で、「数と言葉」「永遠と一瞬」という正反対の概念に「橋を架けて」一つの世界を作ろうとしたと言っています。もし、このような発想であなたが小説を書くとしたら、どんな対立する言葉を選びますか。そしてそこにどんな「橋」が架《か》けられるか、考えてみましょう。

さらに読んでみよう

●『博士《はかせ》の愛《あい》した数式《すうしき》』 **小川洋子《おがわようこ》** 〈新潮《しんちょう》文庫〉

記憶力《きおくりょく》を失った数学者と、彼の世話をすることとなった家政婦《かせいふ》の母子《おやこ》との物語です。博士は優秀《ゆうしゅう》な数学者でしたが、交通事故の後遺症《こういしょう》で八十分しか記憶を保つことができなくなりました。数学にしか興味のない博士でしたが、家政婦の息子《むすこ》との出会いをきっかけに、三人には家族のようなつながりが生まれます。この物語は、二〇〇五年に映画化されました。(二〇〇五年刊)

●『村上春樹《むらかみはるき》、河合隼雄《かわいはやお》に会いにいく』 **河合隼雄・村上春樹** 〈新潮文庫〉

作家の村上と臨床《りんしょう》心理学者の河合との対談です。村上のアメリカ体験や、日本語と英語の思考システムの違い、日本人と歴史との結びつき、心理療法《りょうほう》と宗教との違いなどについて話し合っています。村上は人間や社会の暴力性にふれ、日本人は自国の歴史的暴力をきちんと認識《にんしき》した上で、これからの日本の進む方向を考えていかなければならないと述べています。(一九九九年刊)

●『となりのカフカ』 **池内紀《いけうちおさむ》** 〈光文社《こうぶんしゃ》新書〉

チェコの作家カフカについて初心者《しょしんしゃ》向けに書かれた本ですが、カフカという人間や彼が生きた時代が生き生きと描《えが》かれていて、興味深い読み物になっています。カフカの物語を楽しみながら、カフカの独特《どくとく》の小説がどのように生まれたか、その背景が理解できるようになります。(二〇〇四年刊)

●——俳句

『俳句脳——発想、ひらめき、美意識』

茂木健一郎
黛まどか
〈角川oneテーマ21〉

俳句は「五・七・五」のわずか一七文字で作られた、世界で一番短い詩です。しかし、そこに過去から現在までのそれぞれの時代に生きた人々の思想や美意識や心情などが、鮮《あざ》やかに表現されています。この本では、脳科学者の茂木健一郎《もぎけんいちろう》と俳人《はいじん》の黛《まゆずみ》まどかが、それぞれの立場から俳句の魅力《みりょく》や俳句が生まれる過程について書いています。ここでは、茂木が俳句と人の脳との関わりについて書いている部分と、二人の対談の最初の部分を紹介します。（二〇〇八年刊）

＊　＊　＊

言語の不思議な営《いとな》み

「閑《しづ》かさや岩にしみ入《い》る蝉《せみ》の声」という★松尾芭蕉《まつおばしょう》の句がある。「痩蛙《やせがえる》まけるな一茶《いっさ》是《これ》にあり」という★小林一茶《こばやしいっさ》の句がある。心の中で、自分の声で読んでみる。どちら

茂木健一郎　一九六二年生まれ。理学博士。クオリア（感覚の持つ質感）をキーワードに脳と心の関係を研究。著書に『意識とは何か』『脳と仮想』など。

黛まどか　一九六二年生まれ。俳人。女性だけの俳句結《はいくけっ》社《しゃ》「東京ヘップバーン」主宰《しゅさい》。句集に『B面の夏』など、著書に『ら・ら・ら「奥《おく》の細道《ほそみち》」』など。

★松尾芭蕉　一六四四〜九四年。江戸《えど》時代の俳人。

も、ごく一瞬《いっしゅん》に通り過ぎていってしまう感覚を巧《たく》みに捉《とら》えている。楽しいような、淋《さみ》しいような、嬉《うれ》しいような、切ないような、決して「喜怒哀楽《きどあいらく》」では分類し得ない心の間《あわい》。そのような「感じ」が、確かに自分の内に生まれるのだ。私自身は、俳句を詠《よ》むということを日常とするわけではない。しかし、俳句は受け手を選ばず、時代を選ばず、詠んだ者の気配《けはい》を読み手にそのまま与えてくれる。

なぜだろうか。句によっては、決死の覚悟《かくご》や命の躍動《やくどう》さえも漂《ただよ》わせる「言語の営《いとな》み」に、私はいつしか魅《み》せられていた。俳句という短詩型文学は、なぜ、このようなことをなし得るのだろう。そんな思いを巡《めぐ》らせているうちに、一年ほど前の記憶《きおく》が生々《なまなま》しく蘇《よみが》ってきたのである。

それは、「縁《えん》」という言葉を実感した体験である。

「縁」。もちろん、小学校の頃から耳にしていた言葉である。「ご縁ですね」「ご縁がありますように」。日々、さまざまな形で使われ、書き言葉にしても話し言葉にしても、極々《ごくごく》身近な単語である。しかし、その時は非常にリアルにこの語を感じたのである。説明すれば大したことではない。単に、小さい頃《ころ》に抱《いだ》いていた数々の夢を思い出しながら、現在「脳科学の研究」を★生業《なりわい》としている我《わ》が身を振《ふ》り返ったというだけである。

ああ、本当はあんな仕事もしたかったんだったな。こんな人にもなりたかったたんだよな。着手できないまま、すでに人生は半《なか》ばを過ぎている。さらに考えた。果たせていないことは、日常のレベルにも転がっているじゃないか。あの人ともっと話

★小林一茶《こばやしいっさ》　一七六三〜一八二八年。芭蕉《ばしょう》と同じく江戸時代を代表する俳人。

★生業　生きていくための仕事。

したかったな。あの場所にもっと何度も行きたかったものだ……。すると突然《とつぜん》、

「ああ、これが縁なのだな」

という思いに至ったのである。毎日一所懸命《いっしょけんめい》生きていてもどうにもならないことを、昔から人は「縁」という言葉で表現していたのだなという考えが、奥底《おくそこ》から湧《わ》いてきたのである。

いうなればこれは、「縁」という言葉を知った経験だったと思う。それまでのネガティブな気持ちが消え、なにやら目の前に新しい世界が開け、晴れ晴れとした明るい光が胸の内に射しこんできたのを覚えているが、まだまだ大丈夫《だいじょうぶ》、まだまだ未来があるという思いを、「縁」という言葉が運んできた。まさに、★豁然《かつぜん》たる言葉の宇宙を味わった瞬間《しゅんかん》であった。このように、既知《きち》の言葉に全く未知のものを見出せる可能性が、私たちの日常にはまだまだ隠《かく》れているのである。

「五・七・五」という余韻《よいん》

さて、俳句である。一年前の私の眼前に、「縁」という言葉が自分のこれまでの「生」を引き受けるが如《ごと》く★忽然《こつぜん》と顕《あらわ》れた経験を述べたが、俳句の世界は、実はそのようなことに満ち溢《あふ》れているともいえるのだ。驚《おどろ》くべきことである。

たとえば、★夏目漱石《なつめそうせき》に次のような句がある。

菫程《すみれほど》な小さき人に生《うま》れたし

★豁然たる　広く開けたようす。

★忽然　物事が急に起こるようす。突然。

★夏目漱石　一八六七～一九一六年。小説家、英文学者。

一八九七年（明治三〇）作、漱石《そうせき》三〇歳の時の一句である。夏目《なつめ》漱石は、日本近代文学の輝《かがや》ける星であると同時に、近代俳句の創成期に立ち会った人物であったことを忘れてはならない。★正岡子規《まさおかしき》と深い親交を持ちながら、生涯《しょうがい》に約二五〇〇句もの俳句を詠《よ》んだといわれている。その漱石が小さな菫《すみれ》と向き合いながら、そこに自分の理想像を映し、さらには願望を述べている。いわば、自分の「生《せい》」を引き受ける存在として、小さき「菫《すみれ》」を捉《とら》えているのである。

「五・七・五」という一七字から生まれているこの静かな余韻《よいん》は、漱石という人物を幾重《いくえ》にも想像させる。漱石が菫を前にして感じた思いを、私たち読み手はこの句を前に推《お》し量《はか》ることができる。「どのような思いで詠んだのだろう」と想像することによって、夏目漱石という宇宙を自分の意識で思い描《えが》けるといっても過言《かごん》ではない。そこに一つの正解があるわけではないから、小学生なら小学生の、八〇歳なら八〇歳の鑑賞《かんしょう》ができるというのも、俳句の力である。

実は、これは脳科学の見地《けんち》からいっても★理《り》に適《かな》っていることである。説明されていないもの、言語化されていないものを「摑《つか》もう」「感じよう」とする意思は、内なる感覚を総動員して臨《のぞ》む能動的《のうどう》な行為《こうい》となるので、自分の全体性が引き出されやすい。その過程においては過去の記憶《きおく》から、現在の志向《しこう》性、さらには思いもかけない願望までもが協力し合い、ある実感を生む。要するに、その句に自分なりの感覚を持つに至るのだが、この感覚こそが、自分自身の★クオリアである。一《いっ》瞬《しゅん》かもしれない。いや、確かに一瞬の生成だが、一七字との対峙《たいじ》が、内なる深いと

★正岡子規　一八六七〜一九〇二年。明治期の俳人、歌人。

★理に適う　物事の筋道に合っている。

★クオリア　qualia（英語）　もとはラテン語で「質」や「状態」を意味する言葉。茂木は本書の中で、「「クオリア」とは「今、ここ」で感じられてあっという間に過ぎ去ってしまう質感《しつかん》である」と説明し

ころから自分のクオリアを引き出してくる意識的なきっかけになるのである。限られた文字の背後に限られない世界を探ることは、限られていない自分を感じることでもあるのだ。

＊　＊　＊

俳句がひらめくときと脳

黛　茂木さんと初めてお会いした時、脳科学者と脳外科医の違いがわからず、いきなり持病《じびょう》の偏頭痛《へんずつう》の相談をしてしまいましたよね（笑）。今回は、脳科学者が俳句をどう捉えるか、お話を伺《うかが》いたいと思います。

茂木　脳を研究している者として、なんでもお話しします。

黛　私、意外とシャンプーしている時に俳句がひらめくんです。女性の髪《かみ》と俳句のひらめき、何か関係がありますか。

茂木　シャンプーとひらめき。いい組み合わせですね（笑）。

黛　女流俳人《じょりゅうはいじん》で平成一五年に亡《な》くなられた★鈴木真砂女《すずきまさじょ》先生に話したら、「あら、私も髪を触《さわ》っているときによく俳句ができるわよ」と言われました。真砂女先生は普《ふ》段《だん》から和服を着ていらしたので、毎朝鏡台に向かって髪を結《ゆ》うわけですが、その時によく俳句ができたそうです。いったい脳はどんな状態になっているのでしょう。

茂木　まず、リアルタイムに入ってくる情報がありますね。ふつうに見えたり聞こ

ている。

★鈴木真砂女　一九〇六～二〇〇三年。昭和期の俳人。

えたりしていることです。これらは脳に届く情報としては案外煩雑《はんざつ》で、脳はその処理に忙しいんですよ。そのため内側から湧《わ》き上がってくるものには十分に耳を傾《かたむ》けられない。シャンプーしている時などは、自分の内側に意識がこもるというか、外から入る情報がいったん遮断《しゃだん》されます。そうすると、内から湧き上がってくるものに向き合う余裕《よゆう》ができるんですよ。脳のメカニズムとしては、恐《おそ》らくいつでも湧き上がってきているはずですが。

黛　なるほど。

茂木　女性が何気《なにげ》なく髪《かみ》をいじったりしますね。ああいう時も、外からの情報（見えるもの、聞こえるもの等）をある程度遮断して、内から湧き上がるものに注意を向けていると考えられます。自分を触《さわ》ることは身体確認の作業であるため、自分の内に意識が乱反射《らんはんしゃ》していくイメージです。自身の中の何かを探っていくことと関係あるのですよ。身体感覚を通して自己確認し、自分と対話するのでしょう。

黛　外界とのつながりは持ちながらも自分に入ってゆくきっかけが、髪に触ることなのですね。

茂木　身体確認ですから、単純に言えば、歩いていると何かを思いつくのと同じです。歩くことと俳句のひらめきとは関係あるでしょう。

考えてみよう

1　茂木は「縁《えん》」という言葉を実感した体験について説明していますが、みなさんは今までに、ある言葉を「実感した（言葉の意味を深く理解できた）」瞬間《しゅんかん》がありましたか。それはどんなとき、どんな言葉についてだったか、思い出してみましょう。

2　「シャンプーしている時に俳句がひらめく」という黛の経験は、脳科学の立場から見ると理由のあることなのでしょうか。そうだとしたら、それにはどのような関係があるのでしょうか。茂木の説明からわかったことをまとめてみましょう。

3　次の俳句は、この本で紹介されているものです。それぞれどんな季節の、どんな情景を詠《よ》んだものでしょう。俳句から想像できることを自由に話してみましょう。

(1)　花の下片手《かたて》あづけて片手冷《ひ》ゆ　鈴木榮子《すずきえいこ》

(2)　海に出て木枯《こが》らし帰るところもなし　山口誓子《やまぐちせいし》

さらに読んでみよう

●――『知っておきたいこの一句』　黛《まゆずみ》まどか　〈PHP文庫〉

「雪とけて村いっぱいの子どもかな」（小林一茶《こばやしいっさ》）、「一生の楽しきころのソーダ水」（富安風生《とみやすふうせい》）など、黛が選んだ俳句五〇句を、春夏秋冬の四つの季節に分けて紹介し、一句ごとにその俳句の魅力《みりょく》や作者の人生、その作者の他の作品について解説しています。自然の美しさや人生の喜怒哀楽《きどあいらく》をわずか一七文字で描《えが》き出す俳句の魅力をゆっくり味わってみましょう。（二〇〇七年刊）

●――『考える短歌――作る手ほどき、読む技術』　俵万智《たわらまち》　〈新潮新書《しんちょう》〉

歌人《かじん》の俵万智が、短歌の表現について、一般《いっぱん》の読者からの投稿《とうこう》を例に八つのポイントに分けて説明しています。助詞《じょし》や副詞《ふくし》などを少しだけ変えることによって、歌の持つ世界がより鮮明《せんめい》に表現されるよう

になります。著者のアドバイスは、短歌の世界だけにとどまらず、日本語の表現の可能性に気づかせてくれます。（二〇〇四年刊）

●――『日めくり　四季のうた』　**長谷川櫂**《はせがわかい》　〈中公新書《ちゅうこうしんしょ》〉

日本には昔からさまざまな形式の詩歌《しいか》がありました。また、さまざまな外国の詩歌を吸収してきました。この本では一日一作品の形で、俳句、短歌、漢詩などが取り上げられ、それぞれのうたに著者の言葉が添《そ》えられています。この本は二〇〇八年から二〇〇九年まで「読売《よみうり》新聞」に連載《れんさい》されていたコラムから編集されたものです。（二〇一〇年刊）

コラム2 本の楽しみ方——読書会

誰《だれ》かと本について話していたら、同じ本を読んだはずなのに、ちょっと違った受け止め方をしていたと感じたことはありませんか？

人はそれぞれ、自分の体験や知識を下敷《したじ》きにして読んでいますので、読み方が違って当たり前です。その違いを楽しもうというのが読書会です。

他の人と読み、本を巡《めぐ》っていろいろな意見を交換《こうかん》することで、一人のときよりも広く深く読むことができます。読書会をきっかけに、自分の中の固定化された枠《わく》のようなものがはずれて、新鮮《しんせん》な見方ができるようになるかも知れません。他の人の読み方から新しい読み方を発見して、次の読書に応用できることもあるでしょう。

双方向《そうほうこう》で刺激《しげき》をやりとりすることは、メンバーとの絆《きずな》も生みます。本を巡《めぐ》って人と人とのつながりができるのです。欧米《おうべい》では、地域社会に「ブッククラブ」という読書会の文化があります。ある誰かの家に集まって、軽食を取りながら本について語り合い、結びつきを深めているそうです。

読書会は、本と仲間と場所があればできます。実際に会って話すのが難しければ、メールでの読書会も可能です。ここではそのやり方をご紹介します。

1　読む本を選び、メールで発信する日（一週間から十日毎《ごと》）とそれまでに読むページ数を決める。

2　参考になった点、学んだ点、面白《おもしろ》かった点、気になった点、疑問点などを引用箇所《いんようかしょ》と共に発信する。

3　発信や返信はメンバー全員が読めるように、同時発信して共有する。

他にも、あらかじめ「質問係」「イラスト係」など役割を決めて読む「リテラチャー・サークル」という方法や、何冊かをまとめて読んで共通点について話し合う方法などもあります。

この本を作るに当たって、編者の私たち三人も、二冊を比べ読みする読書会を実際に行いました。詳《くわ》しくはウェブサイトにその様子を公開しています。（http://www.utp.or.jp/bd/978-4-13-082017-2.html）

第3部

日本社会の問題をさぐる

日常生活の中でふと感じることを掘《ほ》り下げていくと、日本社会の問題が見えてくることがあります。原発《げんぱつ》事故による放射能汚染《おせん》への日々の不安が、原発をつくりだしてきた社会構造の問題につながっていることは明らかでしょう。それでは、どの町に行っても同じような風景がつらなっていること、派遣《はけん》社員やフリーターなど非正規《ひせいき》で働く人たちが増えていること、自然とじかに接する機会が少なくなってきていることの背景には、どのような日本社会の問題が潜《ひそ》んでいるのでしょうか。

『新版 原発を考える50話』

西尾漠〈岩波ジュニア新書〉

西尾漠《にしおばく》 一九四七年生まれ。原子力情報資料室共同代表。一九七八年に『反原発新聞』が創刊されて以来、その編集にあたる。著書に『むだで危険な再処理《さいしょり》』『エネルギーと環境《かんきょう》の話をしよう』など。

二〇一一年三月の福島原発事故《ふくしまげんぱつじこ》によって、日本は広島《ひろしま》、長崎《ながさき》に次ぐ第三の国民的被曝《ひばく》を経験しました。巨額《きょがく》の金が投入される原発事業は、単に電力やエネルギーの問題であるだけでなく、政治、経済、社会全般《ぜんぱん》に関わっています。この本は、原発の広範囲《こうはんい》で複雑な問題領域を五章、五〇話にまとめて説明しています。ここでは、放射性廃棄《はいき》物の問題と、原発が建てられた地域の問題の二つについて考えてみましょう。そこからは、現代日本社会のさまざまな問題が浮かびあがってくるでしょう。（二〇〇六年刊）

＊　＊　＊

15　すててはいけない

原発の放射性廃棄物対策の不備を「トイレなきマンション」とよびならわしています。この言葉がいつからつかわれるようになったかはわかりませんが、マンションを建設するのならもちろん、いちばんに考えられてなくてはならないトイレを無視して建設されてきたのが、原発です。

いや、そもそも原発では、マンション以上に真剣《しんけん》にトイレを考えなくてはならなかったはずなのです。「原発は電気と廃熱《はいねつ》と放射能のごみを生産する」とよく言われます。発生した熱の三分の一しか電気とならず、三分の二は廃熱となります。そして大量の放射能のごみ。ごみが出るのは家庭生活でも工場でも同じですが、そのごみが放射能で汚《よご》れているのですから特別です。それなのにきちんと対策が考えられてこなかったのは驚《おどろ》くべきことと言えます。だから「トイレなきマンション」なのです。

そもそもこの放射性廃棄物は、廃棄物であって廃棄物でありません。廃棄物について定めている日本の法律としては、廃棄物処理法があります。その法律で、放射性廃棄物は、ただひとつの例外として対象外になっています。

放射能のごみは、ほんらいすててはいけないごみです。そこで高千穂《たかちほ》大学の★槌田《つちだ》敦《あつし》さんや京都《きょうと》大学原子炉《げんしろ》実験所の★小出裕章《こいでひろあき》さんは、「放射性廃棄物」という言葉を拒《きょ》否《ひ》して「放射性廃物」と名づけています。その気持ちは、私も同じです。しかし一《いっ》般《ぱん》には「放射性廃棄物」でとおっていますので、この本ではあえて言い換《か》えはしないこととします。ともあれ、原発を何基もつくってしまって、すててはいけない、すてられないごみが現実にどんどんたまってきてから、放射性廃棄物対策は動き出します。それも★小手先《こてさき》の、★泥縄《どろなわ》的対策ばかりです。

★槌田敦　一九三三年生まれ。物理学者。環境経済学者。

★小出裕章　一九四九年生まれ。原子力工学者。

★小手先　将来を見通した深い考えのないこと。

★泥縄　困った事が起こってから、あわてて対応すること。

すてられないといっても、気体や液体の放射性廃棄《はいき》物は、大気中や海中にすてられています。これがすてられなかったら、たちまち放射性廃棄物でいっぱいになってしまって、原発《げんぱつ》などは動かすことができません。しかたなしに、短い寿命《じゅみょう》の放射能が減るまで一時貯蔵し、ある程度の放射能をフィルターで取りのぞいたうえで、空気や水でうすめてすてているのです。

それでは、すてられない放射性廃棄物は、どうしたらいいのでしょうか。すてられないものとしては、高レベルの放射性廃棄物のほかに、固体ないしはドラム缶《かん》に詰《つ》めて固体化した放射性廃棄物があります。液体廃棄物の一部を蒸発処理し、あとに残った濃縮廃液をセメントやアスファルト、プラスチックなどと混ぜたり、乾燥《かんそう》させてプラスチックといっしょに粒《つぶ》にしたりして、ドラム缶につめて固めます。可燃物を燃やした灰を同様に固めたもの、金属類などの不燃物を切断・圧縮、あるいは可燃物とともに溶融《ようゆう》して固めたものがあります。

放射性廃棄物について定めた原子炉等規制法や放射線障害防止法では、これらを「保管廃棄」することにしていました。要するに、ためておくことです。

保管といえばとっておくこと、廃棄といえばすてること。そんな正反対の言葉をむりやりつなぎ合わせようというのですから、放射性廃棄物をすてるのがいかに無理なことかがよくわかるでしょう。〔中略〕

＊　＊　＊

35　電気は出ていく放射能は残る

原発を誘致《ゆうち》しても地域の振興《しんこう》ができなかったから、また原発を誘致する――そんなおかしなことが、全国各地で現実に起こっていました。

原発を誘致したことが地域の活性化につながり、原発建設がなくなっても地元の産業で十分にやっていけるようになっていれば、原発の増設を誘致する必要はありません。しかしじっさいには、原発が落とすお金（固定資産《こていしさん》税、国からの交付金《こうふきん》、電力会社からの寄付金・補償《ほしょう》金など）に依存《いぞん》して、原発からいかにお金を引き出すかばかり考えてきた結果、原発をもつ地元自治体はどこも、原発からのお金が入らなくなると、★立ち行かなくなってしまいます。

原発の増設を誘致しても建設が終われば★元《もと》の木阿弥《もくあみ》ですが、それでもほかに道はないところにまで追いつめられるわけです。

実はそのことは、はじめからわかっていたことでした。原発をつくると多額の交付金が受け取れるということ自体、原発立地で地域の振興ができない証拠《しょうこ》だ、と言って過言《かごん》ではないでしょう。現に資源エネルギー庁では、交付金に関するパンフレットで、なぜ交付金を出すのかについて、次のように説明しています。

発電所が立地《りっち》しても、他の工場とちがって地元からやとえる労働力も少なく、必ずしも地元住民の福祉《ふくし》の向上や地元経済の発展に結びつかないことから発電所予定地の住民の同意がなかなか得られない。

★立ち行かない　成り立たない。うまくゆかない。

★元の木阿弥　元の状態にもどってしまうこと。

そこで、地域振興《しんこう》にならないかわりに交付金を出し、地元の同意を得ようとする制度が、一九七四年に設けられたわけです。その後、この交付金の制度は、年々拡《かく》充《じゅう》されてきました。二〇〇五年現在の資源エネルギー庁のモデル試算では、一三五万キロワット級原発《げんぱつ》を建設した場合、地元市町村への立地交付金《りっちこうふきん》は約二六〇億円にもなるとか。

そのうち約一〇〇億円は、一般《いっぱん》家庭、事務所ビル、工場などの電気料金の割り引きにあてられます。ほかにも交付金をつかって企業誘致《きぎょうゆうち》のための補助金・低利融《ゆう》資《し》、企業の福利厚生施設《しせつ》への補助金と、★至《いた》れり尽《つ》くせりで企業の誘致をすすめようとしているのですが、さすがに原発の隣《とな》りに進出してくる企業はなく、制度は生かされていません。

一〇基の原発が集中しているところから「原発銀座」と呼ばれる福島《ふくしま》県が、二〇年前の一九八五年にまとめた『原子力行政の現状』というぶあつい報告書のなかには、こんなことが書かれていました。

（1）建設工事で一時的に増えた雇用《こよう》も、原発の完成にともない、今後は急激に減る。そうなると地域経済は大きな痛手《いたで》を受ける。

（2）商業では、酒場、バー、クラブといった限られた分野の伸《の》びが見られるが、質的に見て必ずしも商業基盤《きばん》の充実《じゅうじつ》につながっていない。

（3）町の財政は、交付金で急激に拡大したが、交付金の終了《しゅうりょう》や固定資産の償却《しょうきゃく》

★至れり尽くせり　配慮《はいりょ》が行き届いていること。

にともない、財政規模が急激に減っていく。このことが町財政に与える打撃《だげき》はきわめて大きい。そのうえ、交付金で建てた公共施設《しせつ》の維持《いじ》・管理費が財政上の大きな圧迫《あっぱく》要因となる。

報告書の作成当時、福島では八基の原発が動き、二基が建設中でした。それでも町起こしにはつながらなかったのです。それから何年たっても状況《じょうきょう》は悪くなるばかりでした。

愛媛《えひめ》県の伊方《いかた》原発の周辺では、賃金の高い原発の建設に人手を奪《うば》われ、★地場《じば》産業が困っています。「せっかく育てた職人まで引っ張っていかれ、工期に間に合わない」「仕事はあるのに、人手不足で倒産《とうさん》しかねない」というのです。

県の南西部の若狭《わかさ》地域に「原発銀座」を抱《かか》える福井《ふくい》県では、原発の発電量が年間九〇〇億キロワット時（一キロワット時は、一キロワットが一時間働いた電力量）ほどになります。ほかに火力発電所もあり、一〇〇億キロワット時程度が発電されています。いっぽう、県内の電力使用量は八〇億キロワット時にも達しません。県内消費量は発電量の八パーセント以下で、原発分はまったく県内を灯《とも》していないことになります。若狭地域にかぎってみれば、さらに小さなパーセントになることは、言うまでもないでしょう。

じっさいにも、発生した電気は地元を素通《すどお》りして、まっすぐ関西の大消費地に送られます。福井以外の原発でも、同じです。原発は人口の多い大都市から離《はな》して建

★地場産業　特定の地域にその立地条件を生かして定着し、特産品を製造している産業。

てられ、放射能は地元に残しながら、発生した電気は大都市がつかうのです。

地震《じしん》や台風で地元が停電しているのに原発《げんぱつ》はよその地域に電気を送っているのを95みるとやりきれない――という話を何ヵ所でも聞きました。

考えてみよう

1　人間が火を使うようになったのが約五〇万年前で、石油を使うようになったのが約一五〇年前、原子力をエネルギーとして使うようになったのが約五〇年前です。五〇万年間を一日（〇時から二四時まで）とすると、石油や原子力を使うようになったのは、何時何分からということになるか計算してみましょう。また、原発《げんぱつ》でウランを燃やした後に残るプルトニウムの放射能半減期は約二万四〇〇〇年です。二万四〇〇〇年後を、同じように計算すると、翌日の何時何分になるでしょうか。

2　あなたは人口が少なく、地域振興《しんこう》がむずかしいところに住んでいるとします。そこに、これから原発が作られるとしたら賛成しますか、それとも反対しますか。原発建設のメリットとデメリットを本やインターネットで調べてみて、考えてみましょう。

3　原発がなくてもエネルギーは十分足りるという人と、足りなくなるという人がいます。それぞれの人のあげる理由を本やインターネットで調べて整理し、どちらの立場に賛成できるかを考えてみましょう。

さらに読んでみよう

●――『原発はいらない』　**小出裕章**《こいでひろあき》　〈幻冬舎《げんとうしゃ》ルネッサンス新書〉

四〇年前から原発廃絶《はいぜつ》を主張し続けてきた原子力学者である小出が、二〇一一年三月の福島原発事故以来、多数の講演で述べてきたことをまとめた本。「福島第一原発は今後どうなるのか」「危険なのは福島原発だけではない！」といったテーマについて明確な見解を提起しています。「原発をやめても電力は不足しない」と断定し、本のタイトルが示しているように、原発の全廃《ぜんぱい》を訴《うった》えています。（二〇一一年刊）

●――『原発列島を行く』　鎌田慧《かまたさとし》〈集英社新書《しゅうえいしゃ》〉

原発や核《かく》関連施設《しせつ》がある地域と建設予定の地域を訪問し、原発や核関連施設がいかに地域経済を交付金に依存《いぞん》させてしまうかを描《えが》くとともに、原発反対の地域住民のねばり強い闘《たたか》いを紹介しています。そんな住民が詠《よ》んだ短歌、「言葉《ことのは》を飾《かざ》りし原発推進の奥《おく》を思えばこの国あわれ」が心に残ります。（二〇〇一年刊）

●――『原発推進《すいしん》者の無念《むねん》――避難所《ひなんじょ》生活で考え直したこと』　北村俊郎《きたむらとしろう》〈平凡社新書《へいぼんしゃ》〉

長く原発推進の仕事をしてきた著者は、福島第一原発付近に住んでいたため、避難所での生活を強《し》いられます。この本は、避難所での生活の大変さと理不尽《りふじん》さを体験者自身が描《えが》いている点で、また、原子力業界の問題点を内部から告発している点でも、貴重な記録となっています。（二〇一一年刊）

※三冊とも、原発に反対ないし批判する立場の本を選びました。原発賛成ないし推進の立場を説得力ある議論で展開している本も紹介したかったのですが、そのような新書はまったく見当たりませんでした。なぜ原発が必要かを合理的に説明する新書がほしいところです。

◉——地方

『下流同盟——格差社会とファスト風土』

三浦展〈朝日新書〉

東京、ニューヨーク、ソウルなど大都市の景観《けいかん》は世界中どこでも似ていると、よく言われます。では、地方の景色《けしき》はどうでしょうか。この本では、日本の地方の街や郊外《こうがい》の景色はどこでも同じようになってきていると指摘《してき》し、そのことをマクドナルドなどの「ファストフード fast food」と語呂《ごろ》あわせをして「ファスト風土《ふうど》」化と呼んでいます。そして、ファスト風土化がもたらした問題点をさまざまな面から徹底的《てっていてき》に追及《ついきゅう》しています。(二〇〇六年刊)

三浦展《みうらあつし》　一九五八年生まれ。消費社会研究家、マーケティング・アナリスト。消費・都市・文化研究シンクタンク「カルチャースタディーズ研究所」を設立。著書に『下流《かりゅう》社会』『「家族」と「幸福」の戦後史』など。

＊　＊　＊

私は、２００４年９月に『ファスト風土《ふうど》化する日本』を★上梓《じょうし》した。大型店の出店規制が緩和《かんわ》された近年、日本中の地方の郊外《こうがい》農村部のロードサイドに大型商業施設《しせつ》が急増し、その結果、本来固有の歴史と自然を持っていた地方の風土が、まるでファストフードのように均質《きんしつ》なものになってしまったのではないか、というのが当時の

★上梓　書物を出版すること。

私の問題意識であった。
では、ファスト風土化のどこが問題なのか。

環境《かんきょう》・エネルギー問題

ファスト風土においては、人は郊外に住んで、郊外で働き、郊外で買物をする。そのためには、自動車が不可欠《ふかけつ》である。しかしそういうライフスタイルは、石油を大量消費《しょうひ》し、CO_2を大量に排出《はいしゅつ》し、温暖化《おんだんか》を促進《そくしん》する。

しかも、日本の地方郊外のショッピングセンターはほぼ365日営業、食品売場は24時間営業していることも多い。その間、巨大《きょだい》な売場を冷暖房《れいだんぼう》している。恐《おそ》ろしいほどのエネルギー消費である。

自然と社会の四重《よんじゅう》の破壊《はかい》

ファスト風土化は地域社会を四重に破壊する。

まず日本に本来あった豊かな自然を破壊している。それは同時に、その農村や山《さん》村《そん》の地域社会も破壊している。

また、ファスト風土化は、歴史ある中心市街地を破壊する。いわゆるシャッター★通りの問題である。そしてそのことは、都市の中の地域社会をも破壊する。

農村、山村、そして中心市街地における地域社会の破壊は、単に自然や都市の風景を破壊するというだけでなく、そこにあった地域の歴史の否定であり、歴史によっ

★**シャッター通り**　閉店してシャッターをしめた商店が数多くならぶ通り。

てはぐくまれた地域への愛着、アイデンティティの否定であり、さらに、地域社会の中の取引関係を含《ふく》めた人間関係の分断を意味する。歴史は役に立たぬものとして軽視され、古い人間関係は既得権益《きとくけんえき》として非難された。こうして歴史や人間関係を★なしくずしにする一方で、歴史教育を見直せとか愛国心とか心の教育だとか言うのは大きな矛盾《むじゅん》ではなかろうか。

さらに、新しい郊外《こうがい》部で進むファスト風土化は、旧《きゅう》郊外も破壊《はかい》する。日本の地方都市の旧郊外は1970年代ごろ、中心市街地を貫通《かんつう》する旧街道《かいどう》から昇格《しょうかく》した国道沿《ぞ》いに形成されている。しかし旧郊外の国道は幅《はば》が狭《せま》く、増大する自動車に対応できない。そのため、より新しい郊外に★商業集積《しゅうせき》ができると、古い郊外は廃《すた》れていく。比較《ひかく》的大規模なスーパーマーケットが閉店すると、そのまわりの専門店も次々と閉店し、地域全体が廃墟《はいきょ》になっていくのである。

新しくできた郊外の商業集積も、今後ずっと残る保障はない。さらなる地域間競争によって衰退《すいたい》し、廃墟化する可能性もある。これは「街の使い捨て」とも言うべき状況である。

このようにファスト風土化は、自然・農村、都市・市街地、旧郊外を破壊し、さらに今後も新郊外の破壊を続けていく危険を持っている。

消費優先の価値観

日本の商店街の背景にあった古い流通《りゅうつう》制度は、中間業者が多いため小売《こうり》価格を上《じょう》

★なしくずし　物事を少しずつすましてゆくこと。

★商業集積　たくさんの店が集まっていること。

昇《しょう》させるから消費者の利益にならないとして、近年、強く否定されてきた。それよりも郊外の大型安売り店の方が消費者の利益になるから、もっと規制緩和《かんわ》をすべきであると言われてきた。そして、郊外の大型店が栄えて商店街がさびれても、それは消費者の選択《せんたく》だから当然だと★俗流《ぞくりゅう》経済学者たちは主張してきた。

私は、古くて非効率な流通制度が良いと言っているのではない。私が疑問なのは、消費者にとって利益があるということが、それほど立派な価値なのか。何よりも優先されるべき価値なのか、という点である。言い換《か》えれば、人間はただ消費者としてのみ生きているのか、という点である。

確かにわれわれは、消費社会の中に生きている。そして生活の多くの時間を消費に割《さ》いている。しかし、だからと言って、われわれの「生《せい》」のすべてが消費であるはずはない。消費はわれわれの目的でもない。われわれが消費者として生きるのは、われわれの生活、人生の一部にすぎない。

だとしたら、どうして消費者にとって利益があるというだけの価値が、これほど重要視されなければならないのだろうか。どうして、同じ物なら安い方が得だというだけの価値観が、それ以外のさまざまな価値の中で最も上位に来なければならないのだろうか。真理も、美も、正義も、★利他主義《りたしゅぎ》も、消費者優位の価値観よりも低い価値なのだろうか。そういう消費偏向《へんこう》主義的な価値観を★蔓延《まんえん》させておきながら、一方で青少年に奉仕《ほうし》をしろ、ボランティアをしろ、と言うのはおかしくないだろうか。

★俗流　低い基準でしか考えない人々。

★利他主義　他人の幸福や利益を図ることを第一にとする考え方。

★蔓延　悪いものがはびこること、広まること。

24時間化の弊害《へいがい》＝生活の不安定化

ファスト風土《ふうど》化は、人々の生活も変質させている。一番変わるのは生活時間だ。地方の大型ショッピングセンターは大体《だいたい》、午後11時まで開店している。食品売場は24時間休みなく営業していることも多い。その他の小売業もかなり夜遅《おそ》くまで開店しているし、ゲームセンターは夜中の12時まで、飲食店は24時間営業の店も少なくない。しかも正月の元旦《がんたん》まで365日、営業する店が増えた。もちろん、これらの店に納品《のうひん》する運送業者もそうだ。

このように地方の暮らしは東京などの大都市並みに、もしかするとそれ以上に24時間化している。土、日、祝日も忙《いそが》しく働く人が増えた。しかも、こうした商業施《し》設《せつ》で働く人の8割方は非正規雇用《ひせいきこよう》である。よって収入はあまり多くない。そのために、いくつかの職場を掛《か》け持ちする人が多い。月、火、水はスーパーで、木、金はレストランでとか、夜は建設現場で、昼は運送業でとか、一週間のうちで、あるいは一日のうちですら、複数の職場を掛け持ちする。

こうなると、家族全員が顔をそろえることが夜ですら難しくなる。父親がタクシー運転手で夜中に働いているとか、母親が時給の高い深夜にパートをするといったケースが多いからである。夜に家族がそろってゆっくり★団《だん》らんするというゆとりがない。

かつての地方の暮らしは、今より物質的に貧しかったが、もっと落ち着きがあったと思う。父親は、夜には仕事から戻《もど》り、家族と共に食事をしていたし、母親は働いている場合でも、朝晩ちゃんと食事を手作りしていた。そういう、古くさいが当

★団らん　集まってなごやかに楽しむこと。

たり前の暮らしをしてきた落ち着きが、今は地方ですら失われているように見える。

たとえば近年、「★食育《しょくいく》」の重要性が叫《さけ》ばれたり、「早寝早起き朝ご飯」の意義が再認識されたりしているが、両親ともに複数の職場を掛け持ちし、夜も休日も働いているような家庭では、実際問題、経済的にも時間的にも「食育」どころではないというのが本音《ほんね》であろう。「食育」ができる家庭とできない家庭の格差が露呈《ろてい》し、さらにその格差を拡大してしまう危険性もないとは言えないのである。

地域社会の流動化・★匿名《とくめい》化・液状《えきじょう》化

地域社会の破壊《はかい》は人間関係の破壊とも言える。さらに言い換《か》えれば人間関係の流動化をもたらす。

ファスト風土化の根本は、道路網《もう》の整備とモータリゼーションの拡大とによって支えられている。それは、行政《ぎょうせい》単位や地形的な境界を越《こ》えて、人と物の移動を活発化する。それは確かに経済を活性化するが、他方で、地域社会を流動化し匿名化する。前述した地域社会の何重もの破壊の上に、流動化と匿名化が進めば、地域社会は液状化し、不安定になる。

地域の外からの人々の大量の流入だけでなく、地域内部の人々の生活も、かつてよりは匿名的で顔が見えないものになっている。大家族が減り、核家族《かくかぞく》が増え、隣《となり》近所の付き合いも廃《すた》れたからだ。

流動的で匿名的で不安定な社会は犯罪の★温床《おんしょう》となる。そもそも、なぜ犯罪は都市

★食育　食材や食習慣など、食べることに関する教育。

★匿名化　周囲が名前を知らない人ばかりになること。

★温床　ある結果が生じやすい環境《かんきょう》。

で多いかといえば、都市が流動的で匿名《とくめい》的な空間だからである。しかし今や、道路網《もう》の整備によって、日本中のどんな田舎《いなか》でも流動的で匿名的な空間になったのだ。

1995年から2004年にかけての人口1000人当たりの刑法犯認知《けいほうはんにんち》件数増加率を見ると、上位に来るのは香川《かがわ》県、佐賀《さが》県、兵庫《ひょうご》県、愛知《あいち》県、三重《みえ》県、群馬《ぐんま》県などである。東京《とうきょう》都や大阪《おおさか》府は全国平均以下である。地方の方が犯罪が増えたのだ。 100

地方で悲惨《ひさん》な事件が起きるたびに、こんな静かな町でなぜこんな凶悪《きょうあく》な事件が、と言われる。しかし、近年の日本は、静かな町ほど激しく変化したのである。

考えてみよう

1 日本の地方の景色《けしき》を「ファスト風土《ふうど》化（＝均質《きんしつ》化）」している商業施設《しせつ》にはどのようなものがあるでしょうか。

2 日本の地方の景色を「ファスト風土化（＝均質化）」している商業施設のあり方とファストフードを販《はん》売《ばい》する商業施設のあり方との共通点を、できるだけ多く挙げてみましょう。

3 あなたが住む町で、あなたが好きな風景、大切にしたいと思う風景はどのようなものですか。それは、この本で書かれている「ファスト風土化」と関係がありますか。

さらに読んでみよう

●──『下流《かりゅう》社会──新たな階層集団《かいそうしゅうだん》の出現《しゅつげん》』三浦展《みうらあつし》〈光文社《こうぶんしゃ》新書〉

高度経済成長を経た日本は「一億総中流社会《いちおくそうちゅうりゅうしゃかい》」と言われていました。しかし、著者は二〇〇四〜五年に行った調査をもとに「下流社会」と呼ぶべき階層が若者たちの間に生《しょう》じていると見ています。この本では、消費行動に着目《ちゃくもく》して格差《かくさ》社会がすすんでいることに光をあてています。（二〇〇五年刊）

●――『自然と労働――哲学《てつがく》の旅から』 内山節《うちやまたかし》〈農文協《のうぶんきょう》人間選書〉

「カブト虫が壊《こわ》れちゃったので修理してください」とデパートの昆虫《こんちゅう》売り場を訪れる子どものエピソードが深く心に残ります。「ファスト風土」と言われる以前の一九八〇年代からすでに日本社会の風景はあちこちですさんできていることが静かな思索《しさく》とともに描《えが》き出されています。（一九八六年刊）

●――『大型店とまちづくり――規制《きせい》進むアメリカ、模索《もさく》する日本』 矢作弘《やはぎひろし》〈岩波《いわなみ》新書〉

「ファスト風土」の中心には大型店の地方進出があります。地方進出する大型店は、その地方の商店街をつぶして、さんざん儲《もう》け、儲けが少なくなると、撤退《てったい》してほかの地方に進出します。アメリカではそうした大型店の戦略が規制されるようになりましたが、日本ではごく一部の自治体だけしか規制にのりだしていません。（二〇〇五年刊）

『日本の基本問題を考えてみよう』中馬清福〈岩波ジュニア新書〉

著者によれば、現代社会は「世界中が逃《に》げ場のない、先の見えない時代に入っ」ています。「先を見えなく」している大本《おおもと》は、金融《きんゆう》万能主義がグローバル化したことによる世界同時不況《ふきょう》ですが、そうした経済状況の中で人生の「先が見えない」人たちが若者を中心に大幅《おおはば》に増えています。近年、「雇用《こよう》の自由化」というスローガンのもとに非正規《ひせいき》雇用労働の割合が増え、二〇一一年の統計では、その比率は男二〇・一%、女五四・六%と、男女とも過去最高を更新《こうしん》しました。「雇用は国と民《たみ》の双方《そうほう》にかかわる安全保障の重要な問題」と主張する著者は、非正規雇用の問題について次のように論じています。（二〇〇九年刊）

＊　＊　＊

中馬清福《ちゅうまきよふく》　一九三五年生まれ。信濃《しなの》毎日新聞主筆。朝日新聞社記者、論説主幹《しゅかん》、代表取締役《とりしまりやく》専務を歴任。著書に『新聞は生き残れるか』『密約外交』など。

増える非正規雇用労働者

だが、日本は逆の方向を歩いています。それをもっとも明確にあらわしているのが「非正規雇用労働者」の問題です。これを材料に歪《ゆが》んだ雇用の実態をみてみます。

総務省の「労働力調査」によると、一九九〇年代以降、この国の正規雇用労働者が減り「★派遣《はけん》」など非正規雇用労働者がふえています。一九九八年から二〇〇八年までの一一年間の数字をみると、非正規が五八七万人ふえ、正規は三九五万人減りました。このまま進むと、そう遠くない時期に正規と非正規の数が逆転する危険すらあります。

もう一つ、データをあげましょう。二〇〇九年二月末の厚生労働省の発表によれば、二〇〇八年一〇月から〇九年三月までに職を失う非正規雇用労働者の数は全国で一五万七八〇六人に達するというのです。二〇〇八年末の調査結果の一・五倍を軽く超《こ》え、〇九年一月末の調査にくらべて約三万三〇〇〇人もふえました。

内訳《うちわけ》をみると、いちばん多いのが「派遣労働者」で約一〇万七〇〇〇人、つぎに★期間労働者などの「契約《けいやく》労働者」が約二万九〇〇〇人、「★請負《うけおい》」が約一万三〇〇〇人、「★パート」などが約八六〇〇人。契約が切れる前に中途《ちゅうと》で解除されたり解雇されたりした人は約六万五〇〇〇人、期間満了の雇《やと》い止《ど》めは約七万九〇〇〇人。失職して社員寮《りょう》などを追われ住まいを失った人は、確認《かくにん》できただけですでに三〇八五人に達したということです。なかでも注目したいのは、派遣社員のうちで比《ひ》較《かく》的雇用が安定しているといわれる「★常用《じょうよう》型派遣」労働者ですら、その八三%が失職していた

★派遣　派遣労働者の略。派遣会社などから派遣されて、他の会社に勤務している労働者。

★期間労働者　勤務する期間が契約によって決まっている労働者。

★請負　勤務先の会社が業務委託《いたく》した請負会社に雇用されている労働者。

★パート　パートタイマー(英語のpart-timer)の略。その会社の所定の労働時間と異なる短時間だけ勤める労働者。

★常用型派遣　派遣会社が常時雇用している労働者。派遣先会社の雇用が終わっても、派遣会社の雇用はつづく。

ということです（毎日新聞二〇〇九年二月二七日ほか）。

これらの数字をみてどう思いますか。

働く人に正規と非正規といった差別と格差がある、しかも非正規労働者がどんどんふえている、それを不思議に思わない、そんな現実をどう思いますか。いついつまで働きます、では働いてくださいという契約書《けいやくしょ》を交《か》わしながら、不況《ふきょう》です、ハイ、さようならと一方的にクビを切る、しかも住まいまでとりあげる、この事実をどう思いますか。

正規と非正規と。明らかに差別です。それに「非」正規だなんて、あの★後期高齢《こうきこうれい》者《しゃ》という以上に不快な言葉ではありませんか。この国の労働者はすべて、本来、労働基準法や労働契約法などの法律で、身分その他が保護されているはずです。雇《やと》う側が勝手に解雇《かいこ》することなどできません。働いた時間におうじて一定の賃金が保障されています。なにかのつごうで、一方的に仕事を休まされた場合は休業手当がもらえます。雇用保険、労災保険の制度もきちんと法律で決められています。労働者の健全な生活を保障するためのとうぜんな配慮《はいりょ》であり、世界の先進諸国ではどこでもあたりまえのことです。

雇用自由化の流れ

ところが、これでは労働者寄りすぎるとか、カネがかかりすぎるとか、仕事のないとき人減《ひとべ》らしできないといった苦情が雇用者側から出てきました。そこで登場し

★後期高齢者　七五歳以上の人を指す。

たのが、正規でない、つまり法的な労働者保護の枠《わく》をとりはらった雇用システムを、という考えです。スローガンは「雇用の自由化」でした。自由な時間に、従来の労働の枠を超《こ》えて、自由な働きを！　こう言われるとなにかスマートに聞こえますが、多くの場合、その「自由」は働く側より働かせる側に有利なものでした。その実態はまもなく明らかになります。こうして多くの労働者の権利が踏《ふ》みにじられ、いつクビになっても★泣《な》き寝《ね》入《い》りさせられることになりました。

　労働者の地位がいかに不安定なものか、これだけでもよくわかります。でも、まわりのお年寄りに聞かされたことがあるでしょう。「昔はこうじゃなかった。就職して何十年、まじめにこつこつ働いておれば定年まで働けたものだ」と。たしかに二、三十年前までの日本はそうでした。それが大きく変わった。なぜでしょう。なぜ、こんなに労働者を苦しめる変則的雇用システムが登場したのでしょうか。

　経済がグローバル化すると同時に、経済・金融《きんゆう》の中軸《ちゅうじく》に★新自由主義的な競争原理主義を据《す》えようとする考え方が、主にアメリカから洪水《こうずい》のように流れこんできました。アメリカは早くから「日本は構造改革せよ」「規制を緩和《かんわ》せよ」と言いつづけてきましたが、雇用政策についての要望もその大きな柱でした。一九九四年、日本政府はアメリカ・クリントン政権の要請《ようせい》を受諾《じゅだく》、相互に「年次改革要望書《ねんじかいかくようぼうしょ》」を提出することにしました。これはいまでもつづいており、たとえば二〇〇八年の対日要望書のなかには、「アメリカ製薬業界の代表を〔日本の〕中央社会保険医療《いりょう》協議会の薬《やっ》価《か》専門部会の委員に選任する」といった★文言《もんごん》もあります。

★泣き寝入り　異議や不服はあるが、そのままにしてあきらめること。

★新自由主義　国家による管理よりも、市場の自由な調節を重視する立場。

★文言　文章や語句。

一九九〇年ごろ日本では土地バブル★がはじけ、経済環境《かんきょう》は一変《いっぺん》します。アメリカのように「効率のいい」経済・金融《きんゆう》政策が必要だとの声は、自由民主党（自民党）・財界・一部の学者の三者から期せずして巻き起こります。その一つが、かねてアメリカからも問題視されていた雇用《こよう》対策です。正規の雇用労働者だけではバブルがはじけたとき、つまり世の中が不景気になったとき、始末に困る。自由に解雇できる非正規雇用の労働者をふやすべきだと、彼らは主張しました。こうして一九八六年、労働者派遣《はけん》法が施行《しこう》されます。ただ、このときは、派遣労働を認めるとなったのは、通訳など専門的な知識を必要とする一三業種だけでした。こういう専門的な業種に従事する人は、おおむね時間的な制約を嫌《きら》いますから、当時、派遣労働はあまり問題になりませんでした。

しかし、これは★外堀《そとぼり》を埋《う》める役割をはたします。

①一九九五年、日本の代表的な企業《きぎょう》家の集まりである日本経営者団体連盟（日経連）が、報告書「新時代の日本的経営」で雇用の流動化策を提言。

②一九九六年、政府は派遣できる業種を二六にふやす。

③一九九七年、派遣の自由化などを柱とする規制緩和《かんわ》推進計画を閣議で決定。

④一九九九年、さすがに製造業・建設・医療などは除いたが、派遣は原則自由化となる。

あとはやりたい放題です。二〇〇四年、小泉内閣《こいずみないかく》のもとで、自動車メーカーなどの企業が熱望してきた製造業への派遣が解禁され、大勢《たいせい》は決しました。同年、それ

★バブル　バブル経済の略。投機によって生じる、実体がない泡（バブル）のような好景気。日本では、一九八〇年代後半から九〇年代初頭にかけて起こった。

★外堀を埋める　敵の城を攻めるには、まず外側の堀から埋める。転じて、ある目的を達成するために、周辺の問題からかたづけていく。

まで一年だった派遣期間も三年に延長されたのでした（製造業については二〇〇七年に決定）。

こんなことで大丈夫かと、誰《だれ》も思わなかったのでしょうか。

一部の政治家や学者、メディア関係者などに心配した人はいました。しかし、これは多数決を原則とする議会制民主主義の泣きどころでもあるのですが、国政選挙で多数をとった政党はひじょうに強い権限をもつことができる。内閣もその党が中心になって構成されるし、現実の問題として中央官庁もその党の影響《えいきょう》から逃《のが》れられない。だから雇用問題のように、雇《やと》う側・雇われる側の利害が鋭《するど》く対立する問題については、与党野党を問わず、よほど慎重《しんちょう》に考えてもらわなければなりません。「派遣労働を自由にしないと国際競争に勝てない」などといった理由だけで、かんたんに処理されては困るのです。

一九九九年五月。派遣を原則自由化するための国会審議《しんぎ》は大づめ★をむかえていました。このとき、野党や労働組合は、企業に使いやすい派遣社員が際限なくふえる、と抵抗《ていこう》します。これに対し当時の労働省は「派遣社員が一年を超《こ》えて同じ職場で働きたいと希望すれば、派遣先企業は正社員として雇うよう努めなければならない」との努力義務をもりこむから認めてほしい、と言ってきました。それを受けて五月七日、衆議院労働委員会が開かれます。以下、そのときのやりとりの一部です（朝日新聞二〇〇九年二月一四日）。

★大づめ　最後の段階。

共産党《きょうさんとう》の寺前巌《てらまえいわお》議員「〔努力義務があっても〕会社がその気にならなければ常用《じょうよう》労働者への道は開かれない」

労働省職業安定局長「罰則《ばっそく》などの★担保《たんぽ》もある。企業《きぎょう》が一年を超《こ》えて派遣《はけん》を受け入れることは、まず通常は考えられない」

甘利明《あまりあきら》・労働大臣「究極の悲観的見方をすると、先生のおっしゃる見方が世の中にあるんだなと、勉強させていただきました」

閣僚《かくりょう》のきわめて不まじめな答弁。労働官僚《かんりょう》のピントをはずした発言。こんなふんいきのなかで審議《しんぎ》は進んだのです。結局は、努力義務を守れない企業には労働大臣が雇《やと》い入《い》れを勧告し、従わない場合は企業名を公表する――といった修正で、共産党を除く野党も賛成、改正案は可決・成立しました。でも、こんな「努力義務」などなんの役にも立ちませんでした。こうした失政によって多くの派遣労働者たちが職を失い、★路頭《ろとう》に迷《まよ》ったのは、それからちょうど一〇年後のことです。

★担保　将来生じるかもしれない不利益に対して、その補いとなるもの。

★路頭に迷う　住む家もお金もなく、困る。

考えてみよう

1　日本では非正規《ひせいき》労働者の割合は、二〇〇〇～二〇一一年に約一〇％増えて、二〇一一年一月～三月には三五・四％（三人に一人以上）になっています。あなたが関心のある日本以外の国の非正規労働者の割合はどうなっているか、本やインターネットで調べてみましょう。

2　「雇用《こよう》の自由化」は、働く人と雇う人それぞれにとってどのようなよい点と悪い点があるでしょうか。

それぞれを箇条《かじょう》書きして比べてみましょう。全体的にはどちらにとって有利な制度でしょうか。

3　最近の日本で非正規労働者の権利を守ろうとする動きにはどのようなものがありますか。本やインターネットで調べてみましょう。

さらに読んでみよう

●──『27人のすごい議論』『日本の論点《ろんてん》』編集部《へんしゅうぶ》編　〈文春《ぶんしゅん》新書〉

日本社会のさまざまな問題点について簡潔に論じた文章を集めた『日本の論点』という本が毎年刊行されています。この本では、その中から影響《えいきょう》力の大きかった二七人の議論を取り上げ、その背景の説明とともに収録されています。（二〇〇八年刊）

●──『日本の難点《なんてん》』宮台真司《みやだいしんじ》　〈幻冬舎《げんとうしゃ》新書〉

右の『日本の論点』をもじって、二〇〇九年時点での日本社会の問題点を一人でカバーして論じた本。気鋭《きえい》の社会学者が、コミュニケーション、メディア、若者、教育、幸福のあり方について問題提起し、アメリカと日本の現状を分析《ぶんせき》しています。（二〇〇九年刊）

●──『「朝日ジャーナル」現代を撃《う》つ』村上義雄《むらかみよしお》　〈朝日新書〉

一九五九年から一九九二年まで刊行された『朝日ジャーナル』という週刊誌は、特に六〇年代、七〇年代の学生運動、市民運動に大きな影響を与えました。『朝日ジャーナル』の足跡《そくせき》をたどることは、現代社会の近い過去を確認《かくにん》するだけでなく、現代社会が何を忘れ去ってきたかを思い起こすことになるでしょう。（二〇〇九年刊）

●──若者

『希望のつくり方』

玄田有史〈岩波新書〉

この本では、「希望学」という新しい学問が紹介されています。「希望学」とは、いったいどんな学問なのでしょうか？　よくは分からないけれども、そうした学問があるということだけでも、なにか希望がもてそうな感じがしてきませんか。二〇一一年三月一一日の地震《じしん》と津波《つなみ》で大きな被害《ひがい》をうけた岩手《いわて》県釜石《かまいし》市は、何度もの★挫折《ざせつ》を乗り越《こ》えて、新たな希望を提起してきた地域として、希望学プロジェクトが力を入れて調査したところでした。希望学は釜石市の住民から何を学んだのでしょうか。（二〇一〇年刊）

＊　＊　＊

日本を先取りする街

希望学で私たちは岩手県釜石市に通い続けています。多くの方から「どうして釜石に行くことになったの？」ときかれます。実はそのきっかけにも、挫折と希望の

玄田有史《げんだゆうじ》　一九六四年生まれ。経済学者。専門は労働経済学。著書に『仕事のなかの曖昧《あいまい》な不安』『希望学』（共編著、全4巻）など。

★挫折　（計画や事業などが）途中でだめになってしまうこと。そのために意欲をなくすこと。

関係がかかわっていました。
希望の研究を始めた比較《ひかく》的早い段階から、挫折そのものはつらい体験だけれど、その挫折がときとして希望のバネになるという関係があることもわかってきました。しかし挫折が苦しいまま、希望につながらないこともあるはずです。だとすれば、挫折を乗り越えて希望につなげるには何が大切なのか。それを、実際の事例や経験に基《もと》づいて考えたい。そう思って、それを考えるのにふさわしい地域を探した結果、釜石にたどり着いたのです。

釜石は、かつて地域の希望の星だった場所です。日本でいち早く製鉄が始まり、★高炉《こうろ》とともに産業は活性化し、人々も地域内外をたくさん出入りしました。それは★林芙美子《はやしふみこ》の小説に中国の上海《しゃんはい》を思わせるにぎわった街だと書かれたりするほどでした。産業だけでなく新日鉄《しんにってつ》釜石ラグビー部が前人未踏《ぜんじんみとう》の日本選手権七連覇《れんぱ》（一九七八年度から八四年度）を達成した歴史もあります。ラグビー部の「炎《ほのお》のジャージ」と称《しょう》された赤いジャージが東京の国立《こくりつ》競技場で躍動《やくどう》する姿は、私のような地方に暮らす一少年にとっても、あこがれの的《まと》でした。

しかし、釜石をそのような栄光に飾《かざ》られた歴史だけでとらえようとするならば、実情を見誤《みあやま》ります。戦前には二度の大津波が地域を襲《おそ》い、多くの尊《とうと》い命が失われました。現在、釜石市には海に向かって祈《いの》る巨大《きょだい》な観音《かんのん》像が三陸《さんりく》海岸沿いにそびえたっています。それは命を落とされた方々への慰霊《いれい》のために建立《こんりゅう》されたものです。

さらに戦争中には、艦砲射撃《かんぽうしゃげき》（軍艦の大砲による攻撃）を受けることで、製鉄工場

★高炉　製鉄用の溶高炉。製鉄産業の象徴《しょうちょう》。

★林芙美子　一九〇三～五一年。小説家。自伝的作品の『放浪記《ほうろうき》』が有名。

のみならず、街は完全に破壊《はかい》されました。戦後の高度成長期には、再び製鉄の街として繁栄《はんえい》するのですが、それも長くは続きませんでした。一九七〇年代後半から始まる不況《ふきょう》による人員の削減《さくげん》・合理化とともに経済は冷え込み、一九八九年には結局すべての高炉《こうろ》が休止となりました。その過程で多くの人々が街を後にし、ピーク時（一九六三年）には九万人を超《こ》えた市の人口も、二〇一〇年時点では四万人弱まで減りました。

かつて希望の星であった釜石は、同時に多くの試練や挫折《ざせつ》を経験し続けてきた街です。さらには高齢《こうれい》化もすすみ、ものづくりを中心とした産業構造からの転換《てんかん》も迫《せま》られてきました。その姿は、日本の社会や経済の道のりを、二〇年程度先取りしています。

そんな栄光と挫折を経験してきた釜石《かまいし》では、二〇〇〇年代から、新しい希望が芽《め》生《ば》えています。一九九〇年代初頭に落ち込んだ製造業出荷《しゅっか》額は、今や過去のピークをしのぐ勢いです。主要な工業製品の中身こそ変わっていますが、今いちど「ものづくり」という原点を大切に守りながら、新たな製品化にチャレンジしています。海や山など豊富な天然資源を活用して、高齢社会に対応すべく健康食品などの新製品づくりを進めているのも、その一例です。

日本全体にとってすれば、釜石とちがってむしろ二〇〇〇年代が、大きな挫折の時代でした。同様な挫折を先んじて経験してきた釜石をみれば、これから日本の進む先が、きっと見えてくるはずです（★中村《なかむら》　二〇〇九）。挫折を挫折として真正面《ましょうめん》か

★（中村　二〇〇九）中村尚《たか》史《ふみ》「釜石で希望を考える」、東大社研・玄田有史《げんだゆうじ》・中村尚史編『希望学２』東京大学出版会、二〇〇九年。

らみつめ直し、もがきながらも、一つひとつくぐり抜ける。その先でこそ、新しい日本の希望は語れるのです。

挫折の歴史から目をそむけることなく、そこから進むべき道を学習し、新たな希望を育《はぐく》もうとすること。そんな釜石の経験から、挫折からいまだ抜け出せない日本社会全体が学ぶことはたくさんあります。

八幡《やはた》さんから学んだこと

釜石では「挫折をバネに希望へと突《つ》き進んでいる方にお話をうかがいたい」と、多くの方にご協力のお願いをしました。考えてみると、なんとも不躾《ぶしつけ》なお願いです。そんな非礼にもかかわらず、多くの方が笑って、ご自身の経験をお話しくださいました。挫折や試練を正面から受けとめてきた方々の言葉には、なにか特有の清清《すがすが》しさを感じる瞬間《しゅんかん》が、きまってありました。

そのなかで出会ったのが、八幡登志男《やはたとしお》さんでした。八幡さんは現在、釜石市の製鉄発祥《はっしょう》地域にある橋野《はしの》で、天然水の販売《はんばい》事業を営んでいます。地域に少しでも雇用機会をつくりたいと思って始めた事業ですが、そのきっかけは★地元《じもと》学の勉強会に訪れた、水俣でまちおこしを実践《じっせん》してきた方との出会いでした。その方と会って話をするうち、地域にある水資源が活《い》かせることを知ったのです。★第一章でも述べたとおり、水俣《みなまた》は希望の再生にいち早く取り組んできた地域です。水俣で希望を求めて行動してきた人と八幡さんとのウィーク・タイズ（ゆるやかなつながり）が、釜石に

★地元学　一般《いっぱん》の人々が自分の住む地域にあるものを探し、新しく組み合わせたりして、自分が住む地域を元気にしていく活動。「さらに読んでみよう」の本を参照。

★第一章　第一章では、一九九四年以来の水俣市の市民主体の「行政参加」によるまちづくりの推進や「地元学」の活動が紹介されている。

ひとつの希望を生んだのです。
七〇歳を超《こ》えて水の事業に挑《いど》むまでに、八幡《やはた》さんはさまざまな事業に取り組んできました。目的はただひとつ。地域を元気にすることです。八幡さんに、どうしてそこまで一所懸命《いっしょけんめい》やるのか、きいたことがあります。八幡さんはひとこと、「生まれた場所は選べないから」といいました。むずかしくて★アテのない挑戦《ちょうせん》を続けることにも「(結果はどうでも)いいの。地域のために頑張《がんば》ったんだということを、誰《だれ》かが知ってくれれば、それでいい」。釜石なまりの言葉でとつとつと、八幡さんは語ります。

しかし、愛する故郷を元気にするための八幡さんの挑戦は、試練の連続でした。なかでも大きな挫折が、遊園地の開業でした。経済の状況《じょうきょう》もきびしくなり、街の人々が落ち込んだとき、釜石《かまいし》の子どもたちを元気にしようと、それまで林業で蓄《たくわ》えた資金を頼《たよ》りに、遊園地を地元で始めます。八幡さん、四五歳のときです。

最初はそれなりに経営も成り立っていたのですが、まもなく思いがけない大水害に遭《あ》います。そのために結局、遊園地は閉園に追い込まれ、八幡さんのもとには莫《ばく》大《だい》な借金だけが残りました。それをふたたび林業で一五年かけてすべて返済、ふたたび挑《いど》んだのが天然水の事業だったのです。

周りで反対する人もいました。でも、八幡さんはあきらめませんでした。

他にもいろいろな苦労を経験された八幡さんに、私は「苦しいときや試練というのは、どうすれば、乗り越《こ》えられるものなんですか」と、たずねずにはいられませ

★アテ　当て。たのみにしている見込み。期待。

んでした。八幡さんは★飄々としたそぶりでお答えになりました。「(釜石弁で)三人、わかってくれる人がいたら大丈夫《だいじょうぶ》だから」。

何かを行動しようとするとき、みんながみんな、いつも応援《おうえん》してくれるわけではありません。ときには誤解や批判を受けることもあります。そのなかでどんなときも自分を信頼《しんらい》し、助言をしてくれたり、真剣《しんけん》に意見してくれる三人の幼馴染《おさななじみ》が、八幡さんにはいたのだそうです。

「八幡さんの夢とか、希望って何ですか」。八幡さんは少し照れくさそうに、でも毅然《きぜん》と答えました。

「夢をもったまま死んでいくのが、夢」。八幡さんは希望の物語を持つ人です。

★飄々　普通の人が気にするようなことにはこだわらず、つかみどころがないようす。

考えてみよう

1　ここで、「希望」という点で「日本を先取りする街」として紹介されている釜石市は、二〇一一年三月一一日の大地震《だいじしん》と津波《つなみ》で大きな被害を受けました。三月一一日以降の釜石市に関することで、「希望」をあらわすようなことを新聞やインターネットで探してみましょう。

2　あなたが「希望学」を研究するとしたら、どのようなことをテーマにしますか。

3　文中で、八幡さんは「三人、分かってくれる人がいたら大丈夫だから」と言っています。あなたにとって、「分かってくれる三人」は誰ですか。思い浮べてみましょう。

さらに読んでみよう

●『希望学』 **玄田有史《げんだゆうじ》** 〈中公《ちゅうこう》新書ラクレ〉

二〇〇五年に二〇歳代から四〇歳代の約九〇〇人に、「希望」についてどう考えているかをアンケートした結果をもとに、希望と仕事、友人、家族、恋愛《れんあい》、結婚《けっこん》などとの関係について分析《ぶんせき》した本です。八割近くの人が何らかの希望を持っていると答えたそうです。自分には希望があると語る人とそうでない人の間にはどのような違いがあるのでしょうか。（二〇〇六年刊）

●『地元《じもと》学をはじめよう』 **吉本哲郎《よしもとてつろう》** 〈岩波《いわなみ》ジュニア新書〉

世界最悪の公害病である「水俣《みなまた》病」の地、熊本《くまもと》県水俣市では、一九九一年から水俣病問題で疲弊《ひへい》した町の再生に水俣病患者《かんじゃ》もいっしょになって市民みんなで取り組んできました。地元のことを住民が自分たちで調べて、自分たちでよくしていく、それが「地元学」の原点です。水俣の取り組みは、二〇〇四、二〇〇五年と続けて「日本の環境《かんきょう》首都コンテスト」で総合一位の評価を受けました。（二〇〇八年刊）

●『新平等社会——「希望格差《かくさ》」を超《こ》えて』 **山田昌弘《やまだまさひろ》** 〈文春《ぶんしゅん》文庫〉

フリーターなど非正規雇用《ひせいきこよう》につく若者たちなどへの取材をもとに、希望が持てない状況に追い込まれている人々が出てきていることに警鐘《けいしょう》を鳴らした『希望格差社会』（二〇〇四年）の著者が、希望格差を埋《う》める仕組《しく》みをつくる可能性を探ろうとしています。（二〇〇九年刊）

『農は過去と未来をつなぐ
——田んぼから考えたこと』

宇根豊〈岩波ジュニア新書〉

宇根豊《うねゆたか》 一九五〇年生まれ。NPO法人「農と自然の研究所」代表理事（二〇〇〇～二〇一〇年）。福岡《ふくおか》県農業改良普及員《ふきゅういん》のとき、水田の減農薬運動を提唱。ダイオキシン含《がん》有除草剤《ゆうじょそうざい》を福岡市で追放。著書に『田んぼの学校』『風景は百姓仕事がつくる』など。

「農業」ではなく「農」と言うのは、「農業」の「業」には「お金になること」という意味が含《ふく》まれているからだ、と著者は言います。「農」の世界は単なる「農業」よりもはるかに幅《はば》広い世界であり、そこには「農」に携《たずさ》わる人たちの田畑や生きものへの思い、家族や村への思いが息づいています。そうした「農」の世界は、どのように「過去と未来をつなぐ」のかを考えながら読んでみましょう。（二〇一〇年刊）

＊　＊　＊

なぜ「稲《いね》植え」と言わずに「田植え」と言うのか

あるときにはっと気づいたことがあります。もともと百姓《ひゃくしょう》はなぜ「稲植え」と言わずに「田植え」と言ったのか、「稲作《いなさく》」と言わずに「田づくり」と言ったのか、その理由がわかったのです。

現代の農業技術は人間が主体で、稲《いね》を田んぼに植えます。これを農学は稲作と表現し、さすがに当初は百姓《ひゃくしょう》は「稲つくり」とは言いにくく、「稲はつくるものではなく、とれるものだ」と言っていたのですが、一九七〇年以降は稲も「つくる」と表現するようになっています。

しかし、あくまでも農学者のように「稲の移植」と言わず、「田植え」という言い方が残っています。これは、人間が主体ではなく、稲が主体、いや田んぼが主体、いや天地（自然全体）が主体であることをあらわしています。「私が植えて育てるんだ」というのではなく、田んぼが自然が稲を育ててくれるのです。したがって、田植えをするということは、田んぼ（自然）に稲の居場所を確保し、これから天地から、そして田んぼから育ててもらう準備が整ったという意味なのです。「田を植える」という言葉は、稲を「田に植える」のではなく、稲を田の一部にする、という気分がよくあらわれています。

田植えとは、百姓が田んぼという自然に入りこんで、一体となって、稲の苗《なえ》を田の一員にしてもらう儀式《ぎしき》だったのです。たんなる農作業ではない証拠《しょうこ》に、その苗は★「早乙女《さおとめ》」が植えないと田んぼと一体になれなかったのです。そういう力は百姓の女のほうがまさっている、と考えられていました。たぶん、女性は子どもを産む力があったからでしょうか。また、田植えのときにはかならず「田植え歌」が歌われていました。これも、早乙女をよろこばす目的と同時に、田の神に捧《ささ》げられていたものです。

★早乙女　田植えをする若い女性。

田植えが終わると、もう田んぼから稲だけを取り出せなくなります。稲がない田んぼは、田んぼでなくなるのです。つまり、田植えとは、田んぼをほんとうの田んぼにすることでもあったのです。田植えによって、はじめて田んぼが出現するのです。

その証拠に、百姓は田植えが終わると安堵《あんど》します。心の底から、ほっとするのです。それは大変な仕事をやり終えた安堵よりも、これで自分の手から稲が巣立《すだ》っていく、あとは田んぼに任せればいい、というような安心が押し寄せてくるのです。田植えの翌日には、もう稲は昨日とは違います。稲の力で体を立てようとしています。三日もすれば、葉が色づき、伸びていて、水面に直立し、田んぼの一部になりきっています。一〇日もたてば、もう稲の緑が水を押しのけて、田んぼの色を占《し》めます。田んぼの主役になるのです。この変化が百姓にはたまらなくいいのです。

二〇〇〇年前の語

二〇〇〇年前の中国に荘子《そうし》★という人がいました。蝶《ちょう》になる夢を見た荘子が夢から覚めて、ひょっとすると人間であるほうが夢で、蝶であるのが現実ではないかと疑う話などが有名です。このように荘子はおもしろい話をいっぱいつくっています。それをおさめたのが『荘子』という本です。その中にすごい百姓が登場します。

あるとき、学者が村を通りかかったら、年寄りの百姓がせっせと畑の作物に甕《かめ》で水をかけていました。甕が空《から》になると、水がわき出る井戸《いど》の底まで降りていって、

★荘子　荘周《そうしゅう》の敬称。古代中国の思想家。「老荘《ろうそう》思想」というように、老子《ろうし》と並び称《しょう》されることが多い。

水を汲《く》んで登ってきてかけています。しばらく眺《なが》めていた学者はたまりかねて声をかけます。

「そこのお百姓《ひゃくしょう》よ、さっきから見ているととても無駄《むだ》なことをしているようだ。井《い》戸《ど》の底まで降りていかずに、ハネツルベという道具を使えばかんたんに水を汲《く》むことができて、仕事も何百倍もはかどるでしょう」

すると百姓は笑って答えます。

「それぐらいは、私も知らぬではないが、そういう機械を使うと、機械に頼《たよ》る心（機心《きしん》）が生じて、生まれながらの心が失われ、作物の心がわからなくなり、よく育たなくなるから使わないのだ」

学者はすごすごと退散《たいさん》します。

これを現代におきかえて考えてみましょう。畑の野菜の苗《なえ》に★スプリンクラーで水をかけるのと、★ジョウロでやるのとでは、どう違うのでしょうか。農業技術では、同じ量の水をむらなくかけるなら、作物は同じように育つと主張するでしょう。だからスプリンクラーを使うほうが労働時間が短縮されて、百姓は楽になり、ほかの仕事ができるので、生産性が上がるから、こちらのほうがすぐれた技術だと言うでしょう。

それに対して、ジョウロで水をかけている百姓はこう反論するでしょう。

「そういう理屈《りくつ》もあるだろうが、スプリンクラーを使うとそれに頼り、効率を求める気持ちが強くなって、ゆっくり苗の育ちを見つめ、情愛を注ぐ気持ちが衰《おとろ》えるの

★ジョウロ

★スプリンクラー

が怖いからしないんだ」

しかし、現代社会は「機心」を歓迎《かんげい》し、ほめたたえ、ジョウロをバカにします。「趣味《しゅみ》や道楽ならいいけど、プロの世界では通用しない」と断定します。たしかに、現代社会をおおっている価値観はそういうものです。こういう気持ちを国民が共有しなければ、経済成長は達成できません。資本主義も発達しませんし、分業もできません。

百姓はスプリンクラーを製作できませんから、購入《こうにゅう》しなければなりません。購入するためには、おカネを余計に稼《かせ》がなくてはなりません。おカネを余計に稼ぐためには、スプリンクラーを導入して、労働時間を節約して、その時間でほかの仕事をして、余計に収入を増やさなければなりません。こうして、自給は壊《こわ》れていくのです。

荘子の時代には資本主義もありませんでしたし、近代化という考え方もありませんでしたが、自給が壊れはじめていたのでしょう。荘子《そうし》は「生まれながらの心」という言葉を使っています。東洋では、生まれたばかりのころの心がいちばん豊かで、年を経るごとに、汚《よご》れて衰えていくという考えがあります。ようするにカネ儲《もう》けしたい、偉《えら》くなりたい、楽になりたい、などという欲望が強くなって、汚れていくと考えたのです。そうなってはいけないという知恵《ちえ》でしょう。

ところが現代では、欲望は肯定《こうてい》され、欲望をあおることまで奨励《しょうれい》されています。近代化は正しいのです。田んぼに行かなくてもコンピューター制御《せいぎょ》で★灌水《かんすい》される技

★灌水　水を注ぐこと。

術が研究されていますし、遺伝子組み換《か》えで本来はもちえない性質を作物にもたせようとしています。作物が喜ぶのではなく、人間の欲望が喜ぶからです。

それにしても、カネ儲《もう》けの気持ちが薄《うす》い百姓《ひゃくしょう》仕事を、「趣味《しゅみ》じゃあるまいし」とか「道楽《どうらく》でするならいいが」と言って軽んじるのは、最近の傾向《けいこう》です。ホビー農業、趣味農業という言葉まで生まれています。経営感覚がない、経営を度外視《どがいし》しているという意味ですが、おカネになる世界を大事にするのはけっこうですが、おカネにならない世界をこんなにバカにすると、わが身を苦しめることになるのではないでしょうか。

百姓にとっていちばん大切な作物や田畑への情愛を、おカネに直結しない行為《こうい》だからといって、趣味・道楽の世界に追放したら、百姓仕事には何が残るのでしょうか。百姓仕事の中のおカネにならない、趣味や道楽に見える部分こそが、百姓仕事のいちばんのタカラでしょう。経済しか眼中《がんちゅう》にない人には、この世界が見えなくなっているのです。さびしい限りです。

ところで、もう一度荘子《そうし》にもどってみましょう。二〇〇〇年前と同じ問題で百姓が悩《なや》みつづけているのは、おかしいと思いませんか。二〇〇〇年のうちにこれは解決できなかったのでしょうか。できなかったのです。これからもたぶん解決できないままで、また二〇〇〇年がたつでしょう。

なぜなら、人間とは自然のままに生きたくても、生きられないからです。だからこそ、なおさら自然に生きたいと思い、悩むのです。その★度《ど》し難《がた》い人間を抱《だ》きかか

★度し難い　救うことがむずかしい。

えて導いてくれるものこそが、自然なのです。自然に生きたいと思う心と「機心《きしん》」は、いつも自分の中でぶつかり葛藤《かっとう》します。だからこそ、自然の側についた思想家がいつの時代も求められてきたのです。その思想とはいつも異端《いたん》にならざるをえないのはしかたがないのです。

考えてみよう

1 「稲《いね》がとれる」のように、作物は人間がつくるのではなく、自然全体がつくるものであるという考えを表した表現には、ほかにどのようなものがありますか。

2 現代農業で「機械に頼《たよ》る心（機心）」はどのようなところに表れていますか。できるだけ多く挙げてみましょう。

3 できるだけ稲がある時期に、実際に田んぼに行ってみて、その田んぼで目につくもの、感じるものをメモしてみましょう。一回だけでなく、二回以上行くと変化があって発見が多いと思います。近くに田んぼがない人は、田んぼにはどのような生き物がいるかを本やインターネットなどで調べてみましょう。

さらに読んでみよう

●――『食べ方で地球が変わる――フードマイレージと食・農・環境《かんきょう》』**山下惣一《やましたそういち》・鈴木宣弘《すずきのぶひろ》・中田哲《なかだてつ》也《や》共編**〈創森社《そうしんしゃ》〉

消費した食料重量と輸送距離《きょり》を掛《か》け合わせた「フードマイレージ」でみると、日本は世界の断然《だんぜん》トップだそうです。それだけ、世界のいたるところから食料を輸入しているわけです。そうした現状に対抗《たいこう》して、簡単で実効《じっこう》の上がるエコライフを実践《じっせん》するには、身近でとれた農産物を食べること、つまり、地《ち》産《さん》地《ち》消《しょう》（地域の産物を地域で消費すること）が大事です。（二〇〇七年刊）

●『地球を救う新世紀農業――アグロエコロジー計画』 吉《よし》田《だ》太《た》郎《ろう》〈ちくまプリマー新書〉

この本では、農薬や化学肥料《ひりょう》を使わない、自然と調和した農業で食料を生産する「アグロエコロジー（エコロジーによる農業）」が紹介されています。「アグロエコロジー」は、キューバなどのラテンアメリカから始まり、単なる有機《ゆうき》農業ではなく、生物多様性の保全や地域の暮らし改善を視野にいれ、持続可能な食料生産・流通・消費を目指しています。（二〇一〇年刊）

●『水と緑と土――伝統を捨てた社会の行方《ゆくえ》』 富山和子《とみやまかずこ》〈中公《ちゅうこう》新書〉

「水と緑（川と森）」だけでなく、「土（土壌《どじょう》の生産力）」まで含《ふく》めた視点で、近代および現代の産業社会がいかに自然環境《かんきょう》を回復不可能なほど破壊《はかい》してきたかを描《えが》いています。治水《ちすい》・治山《ちさん》事業の緻密《ちみつ》な調査にもとづいた警告の書として読み継《つ》がれてきました。（初版一九七四年、改版二〇一〇年刊）

『あいまいな日本の私』

大江健三郎〈岩波新書〉

一九九四年にノーベル文学賞を受けた著者は、ストックホルムでの受賞の際に、「あいまいな日本の私」と題して記念講演を行いました。このタイトルは、日本人文学者として初めてノーベル賞を受けた★川端康成《かわばたやすなり》の「美しい日本の私」をもじっています。著者によれば、川端のタイトルの意味は「あいまい」です。自分は川端の「あいまいさ（意味がはっきりしないこと）」ではなく、両極の意味をもつ「両義性《りょうぎせい》」としての「あいまいさ」について考えてみたい、と言うのです。著者からみれば、日本の近代化のプロセスは、まさにそうした「両義性」に貫《つらぬ》かれていたからです。（一九九五年刊）

＊　＊　＊

さて、正直にいえば、私は二十六年前にこの場所に立った★同国人に対してより、七十一年前にほぼ私と同年で賞を受けたアイルランドの詩人★ウィリアム・バトラー・

大江健三郎《おおえけんざぶろう》　一九三五年生まれ。作家。五八年に「飼育」で芥川賞《あくたがわしょう》を受賞、その後も小説、評論などで旺盛《おうせい》な活動を続ける。小説に『万延元年《まんえんがんねん》のフットボール』など。エッセイに『ヒロシマ・ノート』など。

★川端康成　一八九九〜一九七二。小説家。文化勲章《くんしょう》、ノーベル賞受賞。代表作に『雪国』『山の音』など。

★同国人　川端康成のこと。

イェーツに、魂《たましい》の親近を感じています。もとより、私がこの天才と自分を同列に並べるのではありません。詩人がこの世紀に復興させたウィリアム・ブレイク★によれば、《ヨーロッパとアジアを横切って、さらに中国へ、また日本へ、稲妻《いなずま》のように》と歌われるほど、かれの国から遠い土地の、ひそかな弟子《でし》として、そういうのです。

私がいま自分の小説家としての生のしめくくりとして書きあげたばかりの三部作は、そのタイトル『燃えあがる緑の木』を、かれの重要な詩のひとつのスタンザ★《梢《こずえ》の枝から半《なか》ばはすべて、きらめく炎《ほのお》であり／半ばはすべて緑／露《つゆ》に濡《ぬ》れた豊かな茂《しげ》りである一本の樹木。》によっています。あわせてかれの全詩集は、この作品に徹底《てってい》した影《かげ》を投げかけてもいるのです。大詩人W・B・イェーツの受賞を祝って、アイルランド上院で提出された決議案演説には、次の一節がありました。《われらの文明は氏の力ゆえに世界に評価されるだろう……破壊《はかい》への狂信《きょうしん》から人間の正気《しょうき》を守る氏の文学は貴重である……》

もしできることならば、私はイェーツの役割にならいたいと思います。現在、文学や哲学《てつがく》によってではなく、電子工学や自動車生産のテクノロジーゆえに、その力を世界に知られているわが国の文明のために。また近い過去において、その破壊への狂信が、国内と周辺諸国の人間の正気を踏《ふ》みにじった歴史を持つ国の人間として。

このような現在を生き、このような過去にきざまれた辛《つら》い記憶《きおく》を持つ人間として、私は川端《かわばた》と声をあわせて「美しい日本の私」ということはできません。さきに私は、川端のあいまいさについていいながら、vague という言葉を用いました。いま私は、

★ウィリアム・バトラー・イェーツ　一八五五～一九三九年。アイルランドの詩人、劇作家。

★ウィリアム・ブレイク　一七五七～一八二七年。イギリスの詩人・画家。

★スタンザ　四行から八行の詩の節《せつ》・連《れん》。韻《いん》をふんでいる。

やはり英語圏《けん》の大詩人★キャスリーン・レインがブレイクにかぶせた《ambiguous であるが vague ではない》という定義にしたがって、同じあいまいなという日本語を ambiguous と訳したいと思いますが、それは私が自分について、「あいまいな《アムビギュアス》日本の私」というほかにないと考えるからなのです。

開国以後、百二十年の近代化に続く現在の日本は、根本的に、あいまいさ《アムビギュイティー》の二極に引き裂《さ》かれている、と私は観察しています。のみならず、そのあいまいさ《アムビギュイティー》に傷のような深いしるしをきざまれた小説家として、私自身が生きているのでもあります。

国家と人間をともに引き裂くほど強く、鋭《するど》いこのあいまいさ《アムビギュイティー》は、日本と日本人の上に、多様なかたちで表面化しています。日本の近代化は、ひたすら西欧《せいおう》にならうという方向づけのものでした。しかし、日本はアジアに位置しており、日本人は伝統的な文化を★確乎《かっこ》として守り続けもしました。そのあいまいな《アムビギュアス》進み行きは、アジアにおける侵略《しんりゃく》者の役割にかれ自身を追い込みました。また、西欧に向けて全面的に開かれていたはずの近代《モダーン》の日本文化は、それでいて、西欧側にはいつまでも理解不能の、またはすくなくとも理解を渋滞《じゅうたい》させる、暗部を残し続けました。さらにアジアにおいて、日本は政治的にのみならず、社会的、文化的にも孤立《こりつ》することになったのでした。

日本近代の文学において、もっとも自覚的で、かつ誠実だった「★戦後文学者」、つまりあの大戦直後の、破壊に傷つきつつも、新生への希求を抱《いだ》いて現れた作家たちの努力は、西欧先進国のみならず、アフリカ、ラテン・アメリカとの深い溝《みぞ》を埋《う》め、

★キャスリーン・レイン　一九〇八〜二〇〇三年。イギリスの詩人、批評家。

★確乎　確固。しっかりして動かないさま。確かなさま。

★戦後文学者　『あいまいな日本の私』で「二十世紀の日本で最大の作家」と称《たた》えられている井伏鱒二《いぶせますじ》（代表作『黒い雨』『山椒魚《さんしょうお》』）が第一に念頭にあると思われる。

アジアにおいて日本の軍隊が犯《おか》した非人間的な行為《こうい》を痛苦とともに償《つぐな》い、その上での和解を、心貧しくもとめることでした。かれらの記憶《きおく》されるべき表現の姿勢の、最後尾《さいこうび》につらなることを、私は志願し続けてきたのです。

　ポスト・モダーンの日本の、国家としての、また日本人の現状も、両義性《りょうぎ》をはらんでいます。日本と日本人は、ほぼ五十年前の敗戦を機《き》に――つまり近代化の歴史の真ん中に、当の近代化のひずみそのものがもたらした太平洋戦争があったのです――、「戦後文学者」が当事者として表現したとおりに、大きい悲惨《ひさん》と苦しみのなかから再出発しました。新生に向かう日本人をささえていたのは、民主主義と不戦の誓《ちか》いであって、それが新しい日本人の根本のモラルでありました。しかもそのモラルを内包《ないほう》する個人と社会は、イノセント★な、無傷のものではなく、アジアへの侵略《しんりゃく》者としての経験にしみをつけられていたのでした。また広島《ひろしま》、長崎《ながさき》の、人類がこうむった最初の核攻撃《かくこうげき》の死者たち、放射能障害《しょうがい》を背負《せお》う生存者と二世たちが――それは日本人にとどまらず、朝鮮語《ちょうせんご》を母国語とする多くの人びとをふくんでいますが――、われわれのモラルを問いかけているのでもありました。

　現在、日本という国家が、国連をつうじての軍事的な役割で、世界の平和の維持《いじ》と恢復《かいふく》のために積極的でないという、国際的な批判があります。それはわれわれの耳に、痛みとともに届いています。しかし日本は、再出発のための憲法★の核心《かくしん》に、不戦の誓《ちか》いをおく必要があったのです。痛苦《つうく》とともに、日本人は新生へのモラルの基本として、不戦の原理を選んだのです。

★イノセント　innocent.（英語）罪がないこと。潔白な。

★憲法……不戦の誓い　日本国憲法第二章第九条とその英訳は次の通りである。

第2章　戦争の放棄

第9条　日本国民は、正義と秩序を基調とする国際平和を誠実《せいじつ》に希求《ききゅう》し、国権《こっけん》の発動たる戦争と、武力による威嚇《いかく》又《また》は武力の行使は、国際紛争《ふんそう》を解決する手段としては、永久にこれを放棄する。

2　前項の目的を達するため、陸海空軍その他の戦力は、これを保持しない。国の交戦権は、これを認めない。

Chapter II.　RENUNCIATION OF WAR

Article 9. Aspiring sincerely to an international peace based

それは、良心的徴兵拒否《ちょうへいきょひ》者への寛容《かんよう》において永い伝統を持つ、西欧《せいおう》において、もっともよく理解されうる思想ではないでしょうか？　この不戦の誓いを日本国の憲法から取り外《はず》せば――それへ向けての策動は国内につねにありましたし、国際的な、いわゆる外圧をそれに利用しようとする試みも、これらの策動にはふくまれてきました――、なによりもまずわれわれは、アジアと広島、長崎の犠牲者たちを裏切ることになるのです。その後へ、どのように酷《むご》たらしい新しい裏切りが続きうるかを、私は小説家として想像しないわけにゆきません。

民主主義の原理を越《こ》えた、さらに高いところ★に絶対的な価値をおく、旧憲法を支えた市民感情は、半世紀に及《およ》ぼうとしている民主主義の憲法のもとで、単に懐《なつ》かしまれるよりもさらにリアルに、生き続けています。そこにつないで、戦後の再出発のモラルより別の原理を、日本人があらためて制度化することになれば、いったん★瓦解《がかい》した近代化の廃墟《はいきょ》で、普遍《ふへん》的人間性をめざしたわれわれの祈念《きねん》は、ついにむなしかったというほかなくなるでしょう。一個の人間として、私はそれを想像しないではいられないのです。

一方、日本の経済的な大きい繁栄《はんえい》は――世界経済の構想に照らして、また環境《かんきょう》保全の側面から、様ざまに危険の芽をはらんでいるはずですが――、日本人が近代化をつうじて慢性《まんせい》の病気のように育ててきたあいまいさ《アムビギュイティー》を加速し、さらに新しい様相をあたえました。それはわれわれが国内で自覚しているよりも、国際的な批評の眼には、さらにあきらかですらあるのではないでしょうか？　奇妙《きみょう》な言い方になりま

on justice and order, the Japanese people forever renounce war as a sovereign right of the nation and the threat or use of force as means of settling international disputes.

In order to accomplish the aim of the preceding paragraph, land, sea, and air forces, as well as other war potential, will never be maintained. The right of belligerency of the state will not be recognized.

★高いところ　天皇《てんのう》を指す。

★瓦解　一部の崩《くず》れから全体が崩れること。

すが、日本人は戦後の徹底《てってい》的な貧困《ひんこん》を耐《た》えしのんで、復興への希望を失わなかったように、現在の異様な繁栄《はんえい》の底から身体をもたげようとする、先行《さきゆ》きへの巨大《きょだい》な不安をも、耐《た》えしのぼうとしているのです。日本の繁栄は、アジア経済の、生産と消費両面における潜勢力《せんせいりょく》の増大に統合されて、いまや新たな相貌《そうぼう》を帯びつつあるようにも見えます。

考えてみよう

1　著者は、日本の明治時代以降の近代化はどのような点で「あいまい」（ambiguous＝両義《りょうぎ》的）であると言っていますか。

2　著者は、「日本人の現状も、両義性をはらんでいる」（44行目）と述べています。どのような点が「両義的」なのか、著者の論点を整理してみましょう。

3　日本国憲法第九条（注を参照）を読んで、日本の現在のあり方にどのような影響《えいきょう》を与えているかを考えましょう。

さらに読んでみよう

●『翻訳《ほんやく》と日本の近代』**丸山真男《まるやままさお》・加藤周一《かとうしゅういち》**〈岩波《いわなみ》新書〉

例えば「社会」「個人」「自然」「科学」などの言葉のように、西欧《せいおう》近代の概念《がいねん》を二字の漢字語に翻訳したことが、明治以降の日本の近代化に大きな役割を果《は》たしました。この本では、日本思想と日本文化についての代表的学者である二人が明治初期の翻訳を題材にして、日本の翻訳文化のあり方を縦横《じゅうおう》に論じ

ています。(一九九八年刊)

●『増補改訂《ぞうほかいてい》 日本という国』 **小熊英二《おぐまえいじ》** 〈イースト・プレス〉

明治時代と第二次世界大戦後に、日本の近代国家としての基本的なしくみができあがったという視点にたって、その二つの時代を振《ふ》り返っています。「侵略《しんりゃく》される国」から「侵略する国へ」、「アメリカの家《け》来《らい》になった日本」という著者の焦点《しょうてん》のあて方は、大江《おおえ》の言う「両義性」の議論に通じるものがあります。(二〇一一年刊)

●『いかそう日本国憲法――第九条を中心に』 **奥平康弘《おくだいらやすひろ》** 〈岩波ジュニア新書〉

日本国憲法を「平和憲法」と特徴《とくちょう》づける第九条の「戦争放棄《ほうき》」条項《じょうこう》がどのようにして誕生したかからはじめて、第九条が日本の戦後史の中でどのように解釈され、どのような議論を引きおこしたかを説明しています。自衛隊の存在、国際平和維持《いじ》活動(PKO)への参加、憲法改正への動きをどう理解したらいいかについて考える際の参考になります。(一九九四年刊)

コラム3 新書の特色——社会問題をめぐって

日本ほど新書や文庫本などの、安くて内容の豊かな本がたくさんある国はおそらくないでしょう。日本の最初の新書は、戦争中の一九三八年に創刊された岩波《いわなみ》新書です。それは、前年に創刊されたペリカン・ブックスの形と内容を参考にしたと言われていますが、日本での新書の隆盛《りゅうせい》ぶりは英語での新書風の書籍《しょせき》の出版をとっくに越《こ》えています。ですから、この日本独特とも言える新書文化を存分に利用しない手はありません。

岩波新書の創刊の辞《じ》にある「現代人の現代的教養を目的とする」という言葉は、新書という本の性格を見事に表現しています。新書の「新」は、古典を安く提供するという文庫本の当初の特徴《とくちょう》とは対照的に、新しい時代の要求に応《こた》える教養をめざすという姿勢を表しているのです。

「現代的教養」は、大きく見ると、現代社会のさまざまな問題について考察して、自分の視点や見解をもつことと、そうした考察を支える学問的な方法について理解することの二つが土台となっていると言えます。

「原発《げんぱつ》問題」を例として、新書が現代社会の問題を描《えが》き出すことにどれだけ力を入れているかを見てみましょう。まずは大きな書店の新書コーナーに行って、原発に関する新書を手にとってみるのが基本です。書店によっては、出版社ごとの新書解説目録を無料で入手できる所もあります。これは、どんな新書が出ているかを大まかに知るのに便利です。しかし、新書のあまりの数と、多種多様さに圧倒《あっとう》されて疲《つか》れてしまうという人は、アマゾンなどのウェブ書店で、「原発」「新書」の二語で検索《けんさく》してみましょう。百冊以上の新書が出てきます。また、「想 IMAGINE Book Search」というウェブサイトで「原発」を検索すると、たくさんの関連新書が呈示《ていじ》されます。

そもそも現代社会のどういう点が問題なのかという根本的なところでアドバイスがほしいという人には、まずは次の三冊の、新書についての新書でヒントを得ることをおすすめします。宮崎哲弥《みやざきてつや》『新書３６５冊』（朝日《あさひ》新書）、小飼弾《こがいだん》『新書がベスト』（ベスト新書）、斎藤哲也《さいとうてつや》『使える新書——教養インストール編』（ＷＡＶＥ出版）。

第4部

学問の世界にふれる

学問は、決して日常生活を離《はな》れた、遠い高《こう》尚《しょう》な世界ではありません。日常のなにげない風景や気分にも学問の芽《め》(目)がひそんでいます。「自然にやさしい」とはどういうことでしょうか。「あたりまえ」と思っていることで人を差別してはいないでしょうか。「生きている」とはどういうことなのか。こうした問いは、学問の世界の入り口に通じているのです。

『科学の考え方・学び方』

池内了〈岩波ジュニア新書〉

池内了《いけうちさとる》　一九四四年生まれ。物理学者。専門は宇宙論、銀河物理学。著書に『科学は今どうなっているの?』『疑似《ぎじ》科学入門』など。

この本の出版される前年の一九九五年には、★阪神淡路《はんしんあわじ》大震災《だいしんさい》、★オウム騒動《そうどう》、★高速増殖《ぞうしょく》炉《ろ》「もんじゅ」の事故が起こりました。これらの事件は、地震《じしん》防災研究や都市計画のあり方、科学教育のあり方、原子力技術のあり方など、科学や技術のあり方に対して根底からの問い直しを迫っています。この本では、幅《はば》広い視野から科学技術論を展開してきた著者が、これらの事件を踏《ふ》まえて、「科学の考え方・学び方」を分かりやすく説明しています。ここでは、これからの科学のあり方について書いているところを読んでみましょう。(一九九六年刊)

＊　＊　＊

人類の活動が地球を破滅《はめつ》させる

現在、環境《かんきょう》問題がさまざまに議論されています。一口《ひとくち》に環境問題といっても、地

★阪神淡路大震災　兵庫《ひょうご》県南部地震による大規模な災害。死者は約六〇〇〇人。

★オウム騒動　オウム真理教という新興宗教団体が引きおこした殺人、猛毒のサリン散布などの一連の凶悪《きょうあく》犯罪事件。

★高速増殖炉　原子力発電の

球温暖化・★オゾン層の破壊《はかい》・熱帯林の減少・★酸性雨《さんせいう》・有機《ゆうき》化合物や有毒金属による地球汚染《おせん》など、多くの問題にわたっており、対策も個々の問題に応じて異なっています。逆に、原因はただ一つです。人間の諸活動が、環境問題を引き起こしているからです。地上に人類が現れて以来、地球環境は汚染され続けてきたと極論を言う人もいます。実際、人類の手で多くの種《しゅ》が絶滅《ぜつめつ》させられました。しかし、人類も自然に生まれてきた生物の一つですから、その活動が環境に影響《えいきょう》を与えるのは必然なのかもしれません。

ただ、人類は生産活動を行うという点で他の生物とは異なった存在であり、自然では作り得ない物質を生産し、その大量消費を行うようになったのも事実です。その結果、人類の活動が地球の環境が許容できる能力と匹敵《ひってき》するほどのレベルに達しており、自然では浄化《じょうか》しきれない人工化合物があふれ、新しい生命体を作る試みすらし始めています。人類は、意識しているかどうかは別として、環境を根本的に変えかねない事態を招いているのです。

かつては、「環境は無限」と考えられていました。つまり、環境の容量は人類の活動に比べて圧倒《あっとう》的に大きく、すべてを吸収処理してくれると思ってきたのです。だから、廃棄《はいき》物を平気で海や空に捨て、森林を切り、海や湖を埋立《うめた》て、ダムを造《つく》ってきました。しかし、環境が無限でないことを、さまざまな公害によって学んできました。また、陸にも海にも砂漠《さばく》化が進み(海にも砂漠化が進み、海藻《かいそう》が枯《か》れています)、自然の生産力が落ち始めています。確かに、このままの消費生活を続けると、地球

一種。

★オゾン層　地球を取り囲む大気の層の中で、オゾンが多い部分。動植物に有害な紫外《しがい》線《せん》を吸収する働きをしている。

★酸性雨　大気汚染物質によって酸性が強くなった雨。森・土・湖に悪影響を与える。

の許容能力を越《こ》え、★カタストロフィーが起こるかもしれません。人類の未来は、環《かん》境《きょう》問題の危機をいかに乗り切るかにかかっていると言っても過言《かごん》ではないでしょう。二一世紀は、まさにこの課題に直面する時代となるに違いありません。

「借金」を子孫に押しつける

この環境問題の原因は、無責任に大量生産・大量消費の社会構造にしてしまった私たちの世代の責任であると考えています。自分たちは優雅《ゆうが》で便利な生活を送りながら、その「借金」を子孫に押しつけているのですから。借金の最大の象徴《しょうちょう》は、原子力発電所から出る大量の放射性廃棄《はいき》物でしょう。電気を使って生活を楽しんでいるのは私たちですが、害にしかならない放射性廃棄物を一万年にわたって管理し続けねばならないのは、私たちの子孫なのです。あるいは、熱帯林を切って大量の安い紙を使っているのは私たちであり、★表土《ひょうど》が流されて不毛《ふもう》の地となってしまった大陸や島に生きねばならないのは子孫たちなのです。環境問題は、すべてこのような構造をもっています。この点を考えれば、せめて子孫たちの負担を少しでも軽くするような手だてを打っていかねばなりません。

この地球環境の危機に対し、「原始時代のような生活に戻《もど》れ」という主張をする人がいます。大量消費が原因なのですから、それをやめればいいという単純な発想です。しかし、それは正しいのでしょうか。いったん獲得《かくとく》した知識や能力を捨てて、原始時代の不安な生活に戻れるものなのでしょうか。生産力の低い生活に戻れば、

★カタストロフィー　catastrophe（英語）　悲劇的な結末。大惨事《さんじ》。

★表土　土の最上層の部分。作物をつくるときに重要。

どれほど多くの餓死者《がししゃ》が出ることでしょう。はたして誰《だれ》が、それを命じることができるのでしょうか。たぶん、答えは、そんな知恵《ちえ》のない単純なものではないと思います。なすべきことは、現在の私たちの生き方を振《ふ》り返り、いかなる価値観の変更《へんこう》が必要で、そのためには、科学がいかなる役目を果たすべきかを考えることではないでしょうか。

解決のヒント――「自然にやさしい科学」を

環境問題を引き起こした原因の一つは、現在の生産様式が自然の論理に合っていないことにあります。ある意味で、かんたんで楽《らく》なやり方しか採用してこなかったのです。

例えば、現在の生産方式の多くは、工場（プラント）を集中化し、巨大化《きょだいか》した設備で大量生産を続けるという方法がとられています。その方が、生産効率が高く、省《しょう》力化《りょくか》できる、つまり安上がりで大量に生産ができるという経済論理が優先されているのです。そのために、政府が基盤《きばん》整備に投資を行い、それに合わせて輸送手段を集中し、都市へ人を集めるというふうに、社会構造まで含《ふく》めて巨大化・集中化に邁《まい》進《しん》しています。その結果、少量ならば自然の力で浄化《じょうか》できるのに、大量に工業排出《はいしゅつ》物を放出するため、海や空気の汚染《おせん》を深刻化させたのです。

工場を分散させ、小規模施設《しせつ》とすることが、まず第一歩です。それでは生産力が落ちると反論されそうですが、小規模でも同じ生産力を保《たも》つ研究が必要なのです。

そのヒントは、科学の技術化は、一通《ひととお》りだけではないという点にあります。むしろ、今までは大規模生産しか考えず、それに適した技術しか開発してこなかったといえるかもしれません。もうけるという経済論理が、科学技術の中身を決めてきた可能性があります。「自然にやさしい科学」とは、従来とは異なった、小規模でも高い生産性をもつ原理や技術の発見という意味を込めています。

また、巨大《きょだい》化・集中化は「画一《かくいつ》化」につながっています。全国いたるところで、同じ物が売られ、同じテレビ番組が流れ、同じビルが建ち並んでいます。画一化された文化の中で、画一化された生活を送り、画一化された製品に囲まれている結果が、大量消費構造を支えているのです。それぞれが、独自な生活スタイルをとり、固有な文化を生き、独特の生産様式をつくり出す、という価値観の転換《てんかん》が必要だと思います。そのような「多様性」の中で生きるためには、どのようにして太陽や風や海流や地熱など自然のエネルギー利用を行うか、人工化合物でなく自然物を利用するかなど、やはり「環境《かんきょう》にやさしい科学」が望まれることになるのです。

解決のヒント――生体反応を利用した技術

その可能性は、エレクトロニクス技術による「マイクロマシン」という、生物が採用している生体反応《はんのう》を利用するのに似た方式にあるかもしれません。虫は、あんなに小さな体なのに、実に精巧《せいこう》な機能をもっています。例えば、蚊《か》は、一センチにもならない体であるにもかかわらず、獲物《えもの》を探すための三種のセンサー（二酸化炭素用＝人の呼吸、赤外線《せきがいせん》用＝人の体温、乳酸《にゅうさん》用＝人の汗《あせ》）、毛細血管の位置を探《さぐ》る超音波《ちょうおんぱ》センサー、皮膚《ひふ》に穴を開けるノコギリ状のパイプと鋭《するど》い針の二重構造からなる口吻《こうふん》★、針の先端部《せんたん》が血管で止まるように血漿《けっしょう》★を検知するセンサーをもっています。もし、私たちが、これだけの機能をもつ機械を作ろうと思えば、非常に巨大でエネルギーを使う機械となってしまうでしょう。ところが、蚊は、それを見事《みごと》に作り上げているのです。マイクロマシンは、そのような小型でエネルギーをあまり使わない生物機械を実現することをめざしています。ヒントは、電気エネルギーを使って機械を動かすのではなく、生体反応をもっと利用することにあります。

また、原子一個一個を制御するナノテクノロジー★も、新しい工学機械の可能性を拓《ひら》くかもしれません。マイクロマシンやナノテクノロジーなどから、大量生産・大量消費とは異なった論理で生きる社会をめざす必要があると考えています。

解決のヒント――電気エネルギーからの脱却《だっきゃく》

電気エネルギーはクリーンで取り扱《あつか》いやすいので、今や何もかも電気で動く機械が作られています。ここでも「画一化」が進んでいるのです。しかし、電気エネルギーの利用は、実にむだが多いのです。まず石油やウランから取り出された熱エネルギーを電気エネルギーへ変え、再《ふたた》び電気エネルギーを熱やモーターの運動に変えるという、二段階の変換《へんかん》を行っています。エネルギーを変換するたびにロスがあり、本来使えるエネルギーの半分程度しか使っていません。また、原子力発電所は危険

★口吻　口さき。口の先端部分。

★血漿　血液のうち血球を除いた液体部分。

★ナノテクノロジー　nano-technology（英語）ナノ・メートル（十億分の一メートル）という極小の単位で、物質を操作する工学技術。

なので都市から離《はな》れた遠隔《えんかく》地に建設されており、長い距離《きょり》を送電するための送電線や鉄塔《てっとう》などの設備建設が必要だし、送電中のロスもあります。しかし、現在の生産体制は電気エネルギー利用を前提として組み立てられており、それに適した技術しか開発されなかったのです。「自然にやさしい科学」とは、電気エネルギー一辺倒《いっぺんとう》★から、自然に密着したエネルギー利用の科学への転換《てんかん》を意味しています。

95

★一辺倒　一つのことだけを考えること。

考えてみよう

1　環境《かんきょう》問題以外に子孫に「借金」を残している問題としてどのようなものがあるか挙《あ》げてみましょう。

2　「自然にやさしい科学」という表現から思い浮かぶことを挙げてみましょう。

3　未来のために発明されるといいなと思う科学技術はどのようなものですか。

さらに読んでみよう

●『科学を読む愉《たの》しみ――現代科学を知るためのブックガイド』**池内了《いけうちさとる》**〈岩波《いわなみ》ジュニア新書〉

複雑系、カオス理論、人口知能、ウィルス調査、環境破壊《はかい》、シェークスピア、セックス、クモの糸、占星術《せんせいじゅつ》など、幅《はば》広く理科系の本を紹介し、その現代的エッセンスを読み解《と》いています。「二〇〇〇年の読書日記」を読むと、さらに池内の知的好奇心《こうきしん》の旺盛《おうせい》さに驚《おどろ》かされます。（二〇〇三年刊）

●『科学と科学者のはなし――寺田寅彦《てらだとらひこ》エッセイ集』**池内了編**〈岩波少年文庫〉

物理学者の寺田寅彦のエッセイは、身近な話題から科学の見方に目を開かせてくれます。池内が、そうした寺田寅彦の名エッセイを編集しました。茶碗《ちゃわん》の湯や湯気《ゆげ》のあり方が、地球規模での気象の世界のあり方に通じていることを説明している「茶碗の湯」は特に有名です。（二〇〇〇年刊）

●——『科学コミュニケーション——理科の〈考え方〉をひらく』 岸田一隆《きしだいったか》 〈平凡社新書《へいぼんしゃ》〉

科学の世界は一般《いっぱん》の人たちには無縁《むえん》のように見えますが、二〇一一年三月一一日の震災《しんさい》・津波《つなみ》と原発《げんぱつ》事故が劇的に示したように、科学や技術のあり方は私たちの日常生活に時に大きな影響を及《およ》ぼします。この本が紹介している「科学コミュニケーション」、つまり科学や技術のあり方について一般の人に分かりやすく説明することの大切さをあらためて感じます。（二〇一一年刊）

●社会学

『「あたりまえ」を疑う社会学——質的調査のセンス』

好井裕明〈光文社新書〉

ほとんどの人は、自分を「普通《ふつう》の人」と思っているでしょう。では、どんな人が「普通でない」のかと聞かれれば、人によって違う見方があるのでしょうが、ともかくも「普通」と「普通でない」との間に線を引いて、自分は「普通」の側にいるというように考えて、安心しているのです。しかし、この本によれば、「普通であること」つまり「あたりまえ」を疑うことが、人々の日常生活のなりたちを見極《みきわ》めようとする社会学の出発点なのです。

（二〇〇六年刊）

＊　＊　＊

「普通であること」の〝空洞《くうどう》〟さて、世の中を質的に調べるセンスを考えるうえで、いま一つの重要な点を最後に述べておきたい。

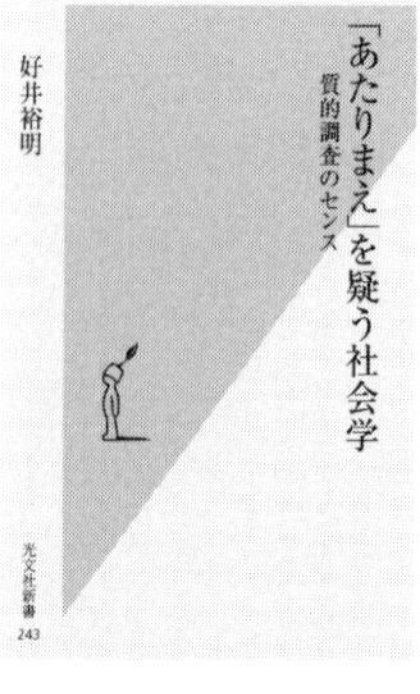

好井裕明《よしいひろあき》　一九五六年生まれ。社会学者。専門は差別の社会学、エスノメソドロジー（人々の社会学）、映画の社会学。著書に『批判的エスノメソドロジー』『ゴジラ・モスラ・原水爆《げんすいばく》』など。

それは「普通であること」がいかに微細《びさい》に、しかも執拗《しつよう》なかたちでしっかりと日常を覆《おお》い、私たちをとらえているのかを読み解くことである。そして、私たちが「普通であること」に居直《いなお》らず、いかにその呪縛《じゅばく》から自由になれるのかを考えていくことである。

新聞で犯罪が起こったことを知らせる記事を見る。テレビで、すぐには理解できないような、その意味で不条理《ふじょうり》★な犯罪が起きたことを知らせるニュースを見る。私たちは、その瞬間《しゅんかん》、どう感じ、どう語るだろうか。

これは「普通」では考えられないできごとだ。「普通の人」だったら、こんなひどいことはしないだろう。やはり、どこか「普通でない」のではないだろうか。

瞬間、このようなことを考え、どこか自分が生きている世界を含《ふく》めて、「普通」という枠《わく》で囲い込み、そこから事件や犯罪、そうしたできごとに関わる人間を〝外《はず》していく〟のではないだろうか。

このような営みは、報道を受け取る私たちだけが行っているのではない。たとえば、「普通でない」事件、「普通」の想像力を簡単に超《こ》えていくような忌《いま》わしい事件が起こる。事件が起こった瞬間、動機や背景などがまだまったく判明していないとき、事件が起こったことを知らせる報道は、事件のどこかに「普通でない」ことがあれば、なんとかして結びつけようとする。

差別の日常。あるいは私たちが普段知らず知らずのうちに行ったり、それを認めてしまっている〝歪《ゆが》められたカテゴリー化★〟。そうした話題を切り出す時、私は、自

★不条理　物事が合理的でないこと。

★カテゴリー化　カテゴリー（型）にあてはめること。

分自身のある体験を語る。

以前、大阪《おおさか》教育大学附属池田《ふぞくいけだ》小学校に男が侵入《しんにゅう》し、刃物《はもの》を振《ふ》り回《まわ》し、子どもたちを殺傷《さっしょう》するという事件★があった。その日、私は偶然《ぐうぜん》、用事があり大阪の実家に戻《もど》っていた。夕方六時のニュース。NHK、民放各社がこの事件を一斉《いっせい》に報道していた。とんでもない事件が起こったと、私は、チャンネルを次々に変え、各放送局がどのように事件を報道しているのかを見た。

強烈《きょうれつ》な事件の体験が、子どもたちの心や身体にどのような影響《えいきょう》を及《およ》ぼすのか、そんなことも考える余裕《よゆう》のない段階だ。レポーターが、事件に遭遇《そうぐう》した子どもたちへの配慮《はいりょ》など何もなく、まっすぐマイクを向けている。

「どんなふうにして男の人は入ってきたの？」というレポーターの問いかけに、ある子は「黙《だま》って入ってきた」と答え、別のニュースでは「なんかわめきながら入ってきた」と答える子もいた。映像で見る限り、子どもの答えは、バラバラである印象を受けた。

ただ一点、各局のニュース映像を見ていて、共通したことがあった。それは私の心にくっきりと残ったのである。何だろうか。各ニュースがある子どものコメントを共通して流していたのである。

講義では、このあたりで学生たちに問いかけていく。「★いったいどんなコメントやったと思う？　犯人の男の姿かたちに関わるもんや」と。「まだ当時は事件発生直後で、動機や背景なんかまったくわかっていない段階や。なんで男がそんなことを

★事件　二〇〇一年に起った事件。児童八名が殺害され、児童十三名、教諭《きょうゆ》二名が傷害を負った。

★いったいどんなコメントやった……もんや　大阪弁の部分は、「や」が「だ」を表している。「いったいどんなコメントだったと思う？　犯人の男の姿かたちに関わるものだよ」の意味。

したのか、まったくわかってないんや」と、さらに状況《じょうきょう》を確認《かくにん》し、答えやすいよう★誘《さそ》い水をかけていく。

しかし、この問いかけ自体、いったいどう答えていいのかわからず、答えにくいものだ。彼らはたいてい、この先生はいったい何を言いたいのだろうか、という顔をして、私に指されることだけを警戒《けいかい》しているようだ。

「★みんなの中にも、このコメントにあてはまる人もおるで。ほら、そこのあんたもそうやし。そこのあんたもや」とコメントに該当《がいとう》する学生がいることを話しながら、「男の姿に関するもんや」と再び付け加える。このあたりで、何人かの学生が、私に指された学生の姿かたちを見て、はぁ、なるほど、という表情を浮かべ始める。

「金髪《きんぱつ》やった」

「金髪やった」――。ニュースで共通に流された子どものコメントだ。当時の男が写った写真を見ると、金髪というか、髪《かみ》の毛を脱色《だっしょく》、あるいは褐色《かっしょく》に染《そ》めていることは確かだった。それを子どもは「金髪」と言ったわけだ。

なぜ、「金髪」コメントが、事件発生直後のニュースで、各局共通に流されたのだろうか。

さらに学生たちに問いかけて、話を進めていく。

「みんな『金髪やった』というコメントを聞いて、どう感じた。どう思った。みんなの中にはけっこう髪の毛を染めたり、脱色している人はいる。だからといって、

★誘い水　ある事柄《ことがら》をひきおこす、きっかけ。

★みんなの中にも……あんたもや　「みんなの中にもこのコメントにあてはまる人もいるよ。ほら、そこのきみもそうだし。そこのきみもだ」の意味。

みんな、こんなひどい殺人事件を起こすだろうか。もちろん、そんなことはない。

では、なんでこんなコメントをそのとき、流したのだろうか。

もう一回言うぞ。事件が起こったその日の夕方のニュースだ。男は捕《つか》まったが、もちろん犯人の動機や背景など一切《いっさい》わかっていない。ただ突然《とつぜん》、男が小学校の教室に侵入《しんにゅう》し、何の罪もない子どもたちの命が奪《うば》われたという不条理《ふじょうり》な事件が起こったという報道だけだ」

「なんで、こんなコメントがニュースの中に置かれるのだろうか。みんなは、このコメントを聞いて、どう感じただろうか。ある人は〝んー、やっぱり〟と感じたのではないだろうか。あるいはある人は〝なんとなく、気持ち悪いなぁ〟という違和感《いわかん》を覚えたのではないだろうか」

「私は、こう考える。ニュースを報道する側が、子どものコメントを聞いた瞬間《しゅんかん》、これは使えると思ったのではないかと。これだけ不条理な、わけのわからない残虐《ざんぎゃく》な殺人事件が起こる。事実だけを報道するにしても、なんとかして、どこかで〝事件のわけ〟をにおわせておきたいのではないだろうか。

『金髪《きんぱつ》だった』というコメントは、男が『★普通《ふつう》ではない』ことを示すかすかな痕跡《こんせき》であったのではないだろうか。『普通の人間』であれば、こんなひどいことをするはずがない、と。

だから男は『普通ではなく』、それをどこかで語っておきたいと考え、このコメントを使ったのだろう。もちろん、事件の原因や動機とこのコメントの因果性《いんが》はまっ

★普通ではない　事件が起った二〇〇一年には、髪を「金髪」に染めている人はそれほど多くない。つまり「普通ではなかった」。

たくない。しかし、そのとき、なんとかして『普通でないこと』を伝えようとしたのだろう」

「繰《く》り返すが、もちろん髪《かみ》を染めたり、脱色《だっしょく》した人がどうのこうのと言っているのではない。問題はニュースを流す側が、ほぼ直感的にコメントを使った感覚であり、おそらくは、このコメントを聞いて、とりあえずは、〝はぁ、やっぱりなぁ〟などと納得《なっとく》してしまう人々がいると想定していることだ」

こんな感じで講義を進めていく。

「普通であること」。これは、私たちが理解不能なできごとと出会ったり、はっきりと何かに違和感を覚えたりするとき、それを自らの日常生活から〝くくり出す〟ために用いる装置だ。

さらに、このような明快なできごとに対してだけでなく、なんとなく言いあらわしがたいが、どこか違う、など、私たちの日常を脅《おびや》かす〝あいまいな〟リスクに対しても、「普通であること」という装置は見事《みごと》に発動されるのである。

ただ、問題なのは、その「普通」は中身が満《み》ちているものではなく、いわば〝空《くう》洞《どう》〟であるという点だ。

たとえば先の例で、「金髪あるいは髪の毛をなんらかの形で染めたりしている人は、★尋常《じんじょう》でない事件を起こす」ということを、仮に誰かが納得したとしても、それを論証《ろんしょう》する材料は「普通」の中にはない。ただ「あの男は普通ではない」という大きな声が「普通であること」の〝空洞《くうどう》〟に響《ひび》きわたるだけなのである。

★尋常　普通。通常。

考えてみよう

1　あなたが最近、「普通《ふつう》でない」と思った事件は何ですか。どの点が「普通でない」と思いましたか。その事件の報道には、「普通でない」ことを示す「痕跡《こんせき》」（この文章でいう「金髪《きんぱつ》」のような）がありましたか。

2　真ん中に縦線を引いて、右側にあなたが「普通でない」と思うことを、できるだけ多く、箇条《かじょう》書きしてみましょう。そして左側にそれぞれに対する「普通なこと」を書いてみましょう。

3　「「普通であること」という装置は見事《みごと》に発動される」（91行目）と書いてあります。「装置」を辞書で引くと、「ある目的のために機械・道具などを取り付けること。また、そのしかけ」（『広辞苑《こうじえん》』）と説明されています。では、「普通であること」という「装置」の「目的」とは何でしょうか。

さらに読んでみよう

●――『差別原論《げんろん》――〝わたし〟のなかの権力とつきあう』　**好井裕明《よしいひろあき》**　〈平凡社《へいぼんしゃ》新書〉

あなたの学校や職場で「いじめ」が行われていたら、その「いじめ」に対してどのように対応しますか。「いじめ」は日常的な差別の現れであり、「いじめ」とどう向き合うかは、社会の根底にあるさまざまな差別（部落《ぶらく》差別、障害者差別、性差別、民族差別、同性愛者《どうせいあいしゃ》差別など）をどのように受け止めて、自らの日常生活を考え直すかにつながっています。（二〇〇七年刊）

●――『差別と日本人』　**野中広務《のなかひろむ》・辛淑玉《しんすご》**　〈角川oneテーマ21〉

日本社会の中で最も激しく差別されてきたし、今も差別されているのは、被差別《ひさべつ》部落民（江戸《えど》時代の身分制度で最下層とされた人たち）と、在日朝鮮《ざいにちちょうせん》・韓国《かんこく》人（戦前に朝鮮半島から日本に移住し、戦後も日本に在住している人たちとその子孫）だと言えるでしょう。この本では、後者の辛（人材育成コンサルタント）と前者の野中（前自民《じみん》党議員）が日本社会における差別の実態を自らの体験を踏《ふ》まえて語っています。（二〇〇九年刊）

●――『フーコー入門』　中山元《なかやまげん》〈ちくま新書〉

「普通であること」は「権力」であると、フランスの思想家フーコーは指摘《してき》します。「権力」というと、政治や経済などで力をもっている人たちだけがもっているものと思いがちですが、実は「普通の人々」が日常生活の中で小さな権力を行使しているのです。フーコーは近代の監獄《かんごく》、医療《いりょう》、教育の歴史を分析《ぶんせき》する作業を通して、そのことを論証しています。（一九九六年刊）

生物学

『生物と無生物のあいだ』

福岡伸一〈講談社現代新書〉

生物と無生物とはどこが違うのでしょうか。私たちは、生物と無生物とを実際に見分けることはできますが、どこを見て区別しているのか、そもそも「生命とは何か」と正面《しょうめん》から問われると、うまく答えることはなかなかできないのではないでしょうか。「生命とは自己複製するシステムである」というのが、二十世紀の生命科学が到達《とうたつ》したひとつの答えでした。しかし、著者は、では「自己複製する」ウイルスは生物なのか、と疑問を投げかけます。著者といっしょに「生命とは何か」という問いを探訪しましょう。(二〇〇七年刊)

福岡伸一《ふくおかしんいち》　一九五九年生まれ。生物学者。専門は分子生物学。二〇〇六年、第一回科学ジャーナリスト賞を受賞。著書に『もう牛を食べても安心か』『世界は分けてもわからない』など。

＊　＊　＊

ウイルスは生物か?

ウイルスは、単細胞《さいぼう》生物よりもずっと小さい。大腸菌《だいちょうきん》をラグビーボールとすれば、ウイルスは(種類によって異なるが)ピンポン玉かパチンコ玉程度のサイズとなる。光学顕微鏡《けんびきょう》では解像度の限界以下で像として見ることはできない。ウイルスを「見る」ことができるようになったのは、光学顕微鏡よりも十倍から百倍もの倍率を実現する電子顕微鏡が開発された一九三〇年代以降のことである。

★野口英世《のぐちひでよ》が★黄熱《おうねつ》病に斃《たお》れたのは一九二八年である。まだ世界はウイルスの存在を知らなかった。そして、彼が生涯《しょうがい》をかけて追った黄熱病も、狂犬病も、その病原体はウイルスによるものだった。彼が、繰《く》り返し繰り返し顕微鏡で観察したその視野の背景は、彼の性急さを一瞬《いっしゅん》でも押しとどめ未知の可能性を喚起《かんき》するには、あまりにも明るく透明《とうめい》すぎたのだった。

ウイルスを初めて電子顕微鏡下で捉《とら》えた科学者たちは不思議な感慨《かんがい》に包まれたに違いない。ウイルスはこれまで彼らが知っていたどのような病原体とも異なって、非常に整った風貌《ふうぼう》をしていたからである。★斉一《せいいつ》的すぎるとさえいってもよかった。

科学者は病原体に限らず、細胞一般《いっぱん》を★ウエットで柔《やわ》らかな、大まかな形はあれど、それぞれが微妙《びみょう》に異なる、脆弱《ぜいじゃく》な球体と捉えている。ところがウイルスは違っていた。それはちょうど★エッシャーの描《えが》く造形のように、優《すぐ》れて幾何《きか》学的な美しさをもっていた。あるものは正二十面体《せいにじゅうめんたい》の如《ごと》き多角立方体、あるものは繭《まゆ》状のユニットからせん状に積み重なった構造体、またあるものは無人火星探査機のようなメカニカルな構成。そして同じ種類のウイルスはまったく同じ形をしていた。そこには大小や個性といった偏差《へんさ》がないのである。なぜか。それはウイルスが、生物ではなく限りなく物質に近い存在だったからである。

★野口英世　一八七六〜一九二八年。細菌学者。千円札の肖像《しょうぞう》になっている人物。

★黄熱病　アフリカや中南米の熱帯地域にみられる悪性の感染症《かんせんしょう》。

★斉一　一様であること。ととのい、そろっていること。

★ウエット　wet（英語）ぬれたり、湿《しめ》っていること。

★エッシャー　一八九八〜一九七二年。オランダの画家。存在し得ない図形を描いた絵が有名である。

ウイルスは栄養を摂取《せっしゅ》することがない。呼吸もしない。もちろん二酸化炭素を出すことも老廃《ろうはい》物を排泄《はいせつ》することもない。つまり一切《いっさい》の代謝《たいしゃ》を行っていない。ウイルスを、混じり物がない純粋《じゅんすい》な状態にまで精製し、特殊《とくしゅ》な条件で濃縮《のうしゅく》すると、「結晶《けっしょう》化」することができる。これはウエットで不定形の細胞《さいぼう》ではまったく考えられないことである。結晶は同じ構造を持つ単位が規則正しく★充填《じゅうてん》されて初めて生成する。つまり、この点でもウイルスは、鉱物に似たまぎれもない物質なのである。ウイルスの幾何《きか》学性は、タンパク質が規則正しく配置された★甲殻《こうかく》に由来している。ウイルスは機械世界からやってきたミクロなプラモデルのようだ。

しかし、ウイルスをして単なる物質から一線を画《かく》している唯一《ゆいいつ》の、そして最大の特性がある。それはウイルスが自らを増やせるということだ。ウイルスは自己複製能力を持つ。ウイルスのこの能力は、タンパク質の甲殻の内部に鎮座《ちんざ》する単一の分子に担保《たんぽ》されている。★核酸《かくさん》＝ＤＮＡもしくはＲＮＡである。

ウイルスが自己を複製する様相《ようそう》はまさしく★エイリアンさながらである。ウイルスは単独では何もできない。ウイルスは細胞に寄生することによってのみ複製する。ウイルスはまず、惑星《わくせい》に不時着するように、そのメカニカルな粒子《りゅうし》を宿主《しゅくしゅ》となる細胞の表面に付着させる。その接着点から細胞の内部に向かって自身のＤＮＡを注入する。そのＤＮＡには、ウイルスを構築するのに必要な情報が書き込まれている。宿主細胞は何も知らず、その外来ＤＮＡを自分の一部だと勘違《かんちが》いして複製を行う一方、ＤＮＡ情報をもとにせっせとウイルスの部材を作り出す。細胞内でそれらが再

★充填　あいたところにものをつめること。

★甲殻　甲殻類などの体表をおおう硬《かた》い外皮。

★核酸　生物の細胞核に多く含《ふく》まれる高分子物質。ＤＮＡ（デオキシリボ核酸）とＲＮＡ（リボ核酸）に大別される。

★エイリアン　alien（英語）ＳＦに登場する宇宙人、異星人。

構成されて次々とウイルスが生産される。それら新たに作り出されたウイルスはまもなく細胞膜《まく》を破壊《はかい》して一斉《いっせい》に外へ飛び出す。

ウイルスは生物と無生物のあいだをたゆたう何者かである。もし生命を「自己複製するもの」と定義するなら、ウイルスはまぎれもなく生命体である。ウイルスが細胞に取りついてそのシステムを乗っ取り、自らを増やす様相は、さながら寄生虫《きせいちゅう》とまったくかわるところがない。しかしウイルス粒子《りゅうし》単体を眺《なが》めれば、それは無機的で、硬質《こうしつ》の機械的オブジェにすぎず、そこには生命の律動《りつどう》はない。

ウイルスを生物とするか無生物とするかは長らく論争の的《まと》であった。いまだに決着していないといってもよい。それはとりもなおさず生命とは何かを定義する論争でもあるからだ。本稿《ほんこう》の目的もまたそこにある。生物と無生物のあいだには一体どのような界面があるのだろうか。私はそれを今一度、定義しなおしてみたい。

結論を端的《たんてき》にいえば、私は、ウイルスを生物であるとは定義しない。つまり、生命とは自己複製するシステムである、との定義は不十分だと考えるのである。では、生命の特徴《とくちょう》を捉《とら》えるには他にいかなる条件設定がありえるのか。生命の律動？　そう私は先に書いた。このような言葉が喚起《かんき》するイメージを、ミクロな解像力を保ったままできるだけ正確に定義づける方法はありえるのか。それを私は探《さぐ》ってみたいのである。

このことの前提として、私たちは今一度、自己複製という概念《がいねん》の成り立ちの周辺をあとづけてみる必要があると思う。そのために、舞台《ぶたい》は再び、ニューヨークはヨークアベニュー、66丁目に戻《もど》る。

アンサング・ヒーロー

「縁《えん》の下の力持ち」を英語ではなんといえばよいだろうか。私が愛用している『日米口語《こうご》辞典』（朝日出版社、一九七七）によれば、"an unsung hero"とある。歌われることなきヒーロー。★サイデンステッカーと★松本道弘《まつもとみちひろ》によって作られたこの画期《かっき》的な辞書は出版後三十年を経過するけれど今なお読むほどに楽しい。ちなみにこの項《こう》には、「He's doing an excellent job though he isn't getting any credit. と説明的に訳したほうが無難《ぶなん》かもしれないが、やはり味に欠ける」としたうえでこの味のある訳が掲《けい》載《さい》されている。

二十世紀は生命科学が幕をあけ、そして華《はな》やかに開花した時代だった。では、その幕を最初に開いたのは一体誰《だれ》だろうか。一九五三年、イギリス・ケンブリッジ大学にいた★ジェームズ・ワトソンと★フランシス・クリックは、DNAが二重ラセン構造をしているというあまりにも美しくかつシンプルな事実を発表し、世界を驚《おどろ》かせた。当時、ワトソンはまだ二十代、クリックも三十代だった。この発見は、それまでまったく無名の若手科学者だった彼らをして、二十世紀の生命科学史上最大のスターに押し上げた。この〝★オーバーナイト・サクセス〟は彼らの前に真紅《しんく》の赤じゅうたんを用意し、それは、後年、ストックホルムでのノーベル賞授賞式にまで一直線に伸びていた。いうまでもなく彼らは賞賛をほしいままにしたサング・ヒーローズ

★サイデンステッカー　一九二一～二〇〇七年。アメリカ人の日本学者。

★松本道弘　一九四〇年生まれ。英語と英語教育、日本文化に関して多数の著作がある。

★ジェームズ・ワトソン　一九二八年生まれ。アメリカ出身の分子生物学者。

★フランシス・クリック　一九一六～二〇〇四年。イギリスの科学者。

★オーバーナイト・サクセス　overnight success（英語）「一夜にして成功した」というように、地位や名声を突然《とつぜん》えること。

(sung heroes) である。

プロローグでも述べたように、二重ラセンが重大な意味を持っていたのは、その構造が美しいだけでなく、機能をその構造に内包していたからである。ワトソンとクリックは論文の最後にさりげなく述べていた。この対《つい》構造が直《ただ》ちに自己複製機構を示唆《しさ》することに私たちは気がついていないわけではない、と。

ＤＮＡの二重ラセンは、互《たが》いに他を写した対構造をしている。そして二重ラセンが解《と》けるとちょうどポジとネガの関係となる。ポジを元に新しいネガが作られ、元のネガから新しいポジが作られると、そこには二組《ふたくみ》の新しいＤＮＡ二重ラセンが誕生する。ポジあるいはネガとしてラセン状のフィルムに書き込まれている暗号、これがとりもなおさず遺伝子情報である。これが生命の〝自己複製〟システムであり、新たな生命が誕生するとき、あるいは細胞《さいぼう》が分裂《ぶんれつ》するとき、情報が伝達される仕組みの根幹《こんかん》をなしている。

若きワトソンとクリックが、ＤＮＡの構造を解きさえすれば一躍《いちやく》有名になれると思ったのは、ＤＮＡこそが遺伝情報を運ぶ最重要情報分子だと、あらかじめ知っていたからである。では、誰が、ＤＮＡイコール遺伝子だと世界で最初に気づいたのだろうか？　それは、オズワルド・エイブリーという人物である。

考えてみよう

1　「生命とは何か」「生命とは何でないか」を考えるうえでのキーワードを、この文章の中から探してみましょう。

2　著者は、生命は単に「自己複製するシステム」であるだけでなく、「律動《りつどう》」が必要であると言っています。あなたは「生命の律動」としてどのようなことをイメージしますか。

3　DNAの二重ラセン構造を発見したワトソンとクリックが賞賛された「サング・ヒーローズ」(sung heroes)であったのに対して、エイブリーは賞賛されない「アンサング・ヒーロー」(unsung hero)だと言われています。どうしてエイブリーは賞賛されない「アンサング・ヒーロー」だったのか、この後の文章の展開を推測してみてください。

さらに読んでみよう

●——『ロハスの思考』福岡伸一《ふくおかしんいち》〈ソトコト新書〉

「ロハス」とは、Lifestyles Of Health And Sustainabilityの頭文字《かしらもじ》をとった言葉で、健康と持続可能性に配慮《はいりょ》したライフスタイルであり、ファストフード(fast food)をはじめとする「ファストなもの、均一《きんいつ》なもの」に対して、「スローなもの、地域性のあるもの」を大事にしていこうという発想に立っています。著者は、「ファストなもの」が生命の動的平衡《へいこう》を乱しているところに注意を促《うなが》しています。(二〇〇六年刊)

●——『生命観を問いなおす——エコロジーから脳死まで』森岡正博《もりおかまさひろ》〈ちくま新書〉

地球規模での環境《かんきょう》破壊《はかい》は、生命や自然を外側からおびやかしています。それに加えて、臓器《ぞうき》移植《いしょく》などの先端《せんたん》医療《いりょう》や生殖《せいしょく》医学は、私たちの内側から、あらためて「生命とは何か、生きるとはどういうことか」という問いを促《うなが》しています。「生命学」を唱える著者がこうした問いに挑戦《ちょうせん》しています。（一九九四年刊）

●——『生命を捉えなおす——生きている状態とは何か』**清水博**《しみずひろし》〈中公《ちゅうこう》新書〉

「生きている状態」とはどのような状態なのかという根源《こんげん》的な問いを中心として、生命、情報、組織、環境という大きな問題群を相関《そうかん》的にとらえようとしています。新書としてはかなり厚い本ですが、著者の自然科学的な思考と哲学《てつがく》的な考察がいっぱい盛り込まれている力作です。（初版一九七八年、増補版一九九〇年刊）

●——物理学

『宇宙は何でできているのか——素粒子物理学で解く宇宙の謎』

村山斉〈幻冬舎新書〉

原子核《かく》のまわりを電子が回っているという原子模型《もけい》は、太陽系の構成と似ていると思ったことはありませんか。このように極小《きょくしょう》のものと極大《きょくだい》のものが同じ構造をしているという発想は、決して近代物理学が初めて考え出したものではありません。古来、この世界の謎《なぞ》を示すものとして、語り伝えられてきた事柄《ことがら》なのです。東京大学数物連携《れんけい》宇宙研究機構という壮大《そうだい》な名前の研究所の初代所長である著者がこの古くて新しいテーマにみなさんを誘《さそ》います。（二〇一〇年刊）

村山斉《むらやまひとし》　一九六四年生まれ。物理学者。専門は素粒子物理学。著書に『宇宙は本当にひとつなのか』『宇宙に終わりはあるのか？』など。

＊　＊　＊

この本のサブタイトルは『素粒子《そりゅうし》物理学で解く宇宙の謎』です。

どうして小さな小さな素粒子と大きな大きな宇宙が関係あるんだ？

たしかに、ふつうの感覚で考えると、「宇宙」と「素粒子」には、とくに関係があるような気がしません。何よりもまず、大きさが違いすぎますよね。この世でいちばん大きいのが宇宙で、いちばん小さいのが素粒子です。「宇宙研究機構」で働く研究者がなぜ、素粒子の話をするのだろうか――と、不思議に思うのも無理はありません。

そこでまず、身の回りにある物と比較《ひかく》しながら、宇宙がどれほど大きいのかを考えてみましょう。とても小さい素粒子ととても大きな宇宙を一緒《いっしょ》に考えるので、細かいことを気にしてはいけません。「何桁《なんけた》の数字を使うか」という★大雑把《おおざっぱ》な考えで追ってみましょう。

たとえば、リンゴは直径約10センチメートル（0・1メートル）。人間の身長は、それよりも桁が1つ上がって、1〜2メートル程度です。町中に建っているビルやマンションはもう1桁上がって、数十メートルの高さでしょうか。東京タワーは333メートル、建設中の東京スカイツリーは634メートルになる予定だそうです。物理学の世界でよく使う表現に直すと、それぞれおよそ「3×10^2メートル」「6×10^2メートル」。日本でいちばん高い富士山（3776メートル）になると、「10^3」という桁数になります。

では、富士山が載《の》っている地球の直径はどの程度か。これは約1万2000キロメートルですから、メートルに直すと桁数《けたすう》は「10^7」。富士山の1万倍のオーダーです。

その地球が太陽のまわりを公転する軌道《きどう》の大きさは、富士山の1万倍のさらに1

★大雑把　こまかいことにこだわらないようす。おおまか。

万倍（10^{11}メートル）のオーダー。これだけでも、十分に気の遠くなるサイズです。

　でも、それは宇宙全体から見ればほんの小さな点のようなものにすぎません。太陽系は「★天《あま》の川銀河《がわぎんが》」の片隅《かたすみ》にありますが、この銀河は地球の軌道《きどう》の約10億倍の大きさ（10^{20}メートルのオーダー）。さらに天の川銀河はほかの銀河系と一緒《いっしょ》に「銀河団」を形成しており、その銀河団は天の川銀河の1000倍程度の規模（10^{23}メートルのオーダー）です。


　もちろん宇宙には、そういう銀河団がほかにもたくさんあります。それらをすべてひっくるめたのが、宇宙です。そして、私たちがいま実際に観測できる宇宙のサイズは、1つの銀河団のさらに1万倍（10^{27}メートル）。こうなると、「兆（10^{12}）」や「京《けい》（10^{16}）」といった単位では表せないので「10^x」という表現が必要になってきます。これがまさに、いわゆる「天文《てんもん》学的な数字」のスケールなのです。


　さて、一方の素粒子《そりゅうし》のほうはどんな大きさなのか。

　そもそも「素粒子」とは、読んで字のごとく、物質の「素《もと》」となる粒子のことです。リンゴや人間や富士山や天体といった物質をどんどん細かく分けていき、それがもともと「何でできているのか」を考えるのが、素粒子物理学だと思ってもらえばいいでしょう（素粒子同士がなぜバラバラにならずにくっついて「物質」を形成するのかも大テーマの1つですが、それはまたのちほど詳しくお話しします）。

　あらゆる物質が「原子」の集まりであることは、みなさんもご存じでしょう。た

★天の川銀河　銀河系のこと。天の川は地球から銀河系の内側を見た眺《なが》め。

とえば「水」という物質は、水素原子と酸素原子が結合してH_2Oという「分子」を形づくり、その分子が集まってできています。

これまでに存在が確認されている原子は１１８種類（この原子の種類のことを「元素《げんそ》」と呼び、それぞれ質量が異なります）。物質世界の多様性を考えると、元素の数は驚《おどろ》くほど少ないと言えるでしょう。私たちの身の回りに存在するすべての物

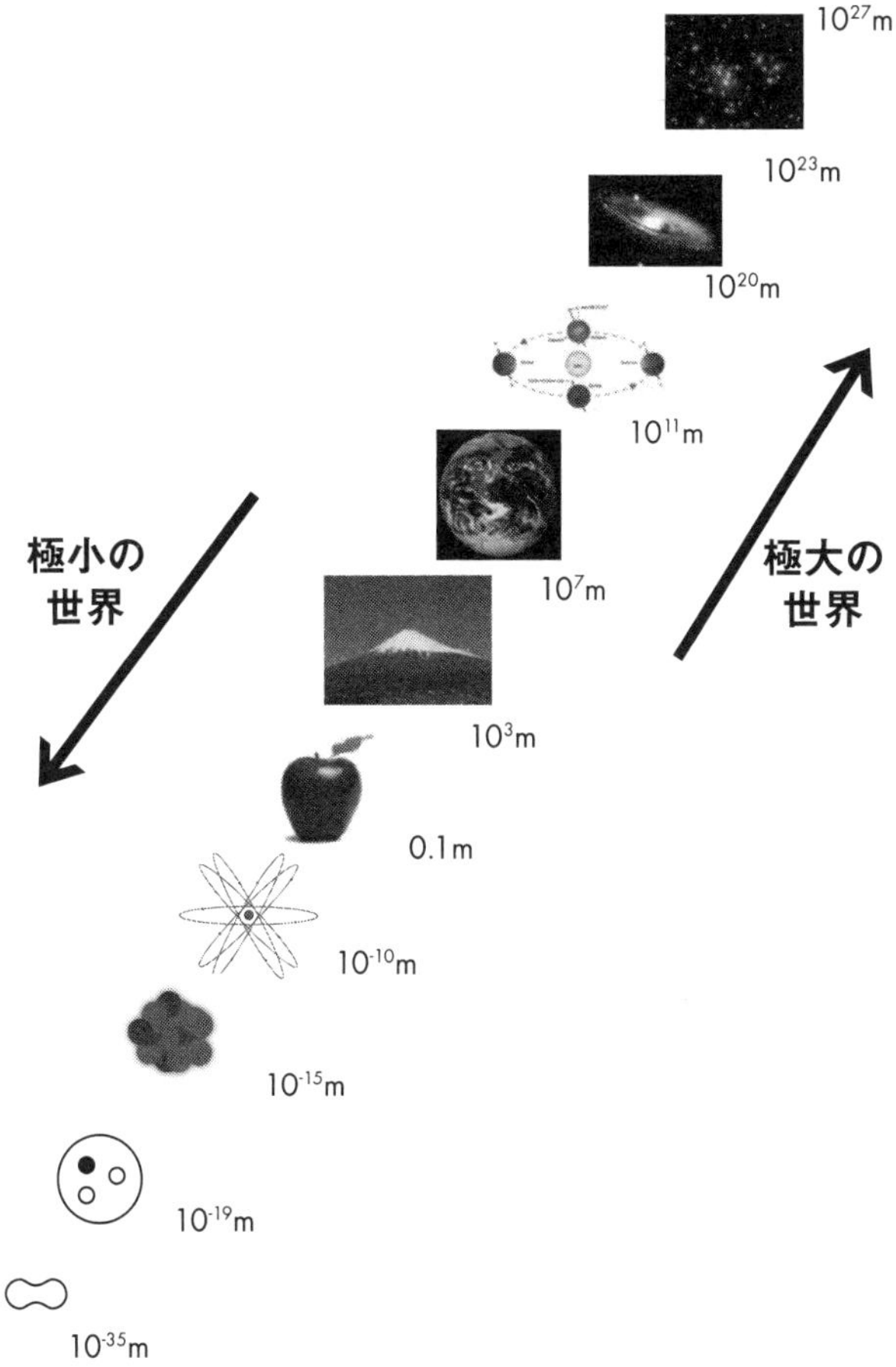

ものの大きさ

質は、ある程度までバラバラにすると、必ずそのどれかになるわけです。

もちろん、物質を原子レベルまでバラバラにするのは容易ではありません。たとえば直径10センチメートルのリンゴをバラバラにすると、ざっと10^{26}個ぐらいの原子になります。どんなに鋭《するど》いナイフで刻んでも（その刃《は》は必ず原子より大きいので）無理ですね。

ちなみに、リンゴ1個と原子1個の大きさの比は、天《あま》の川銀河《がわぎんが》と地球の軌道《きどう》の大きさの比と同じぐらい。天の川銀河がリンゴだとすると、地球の軌道は原子1個程度の大きさしかないということです。

さて、原子1個の直径は、10^{-10}メートル。かつては、これが「この世でいちばん小さいもの＝素粒子《そりゅうし》」だと考えられていました。

しかし、やがて原子にも「内部構造」がある——つまり「もっとバラバラにできる」ことが判明します。原子の中心には「原子核《かく》」と呼ばれるものがあり、そのまわりを「電子」がくるくると回っている。先ほどの「原子の直径（10^{-10}メートル）」とは、電子が回る軌道の直径だったわけです。

そして、電子の軌道から原子核までの距離《きょり》は、決して近くありません。地球と人工衛星ぐらいの距離感をイメージする人が多いと思いますが、原子核の直径は電子の軌道よりはるかに小さく、10^{-15}メートル。電子の軌道の10万分の1です。もちろんミクロの世界の話ですから、私たちの目から見ればどちらも同じようなものですが、実際は5桁も違う。富士山の標高と地球の直径でさえ、4桁しか違いません。原子核から見ると、電子ははるか彼方《かなた》を飛び回っているのです。

この原子核の発見によって、「素粒子」のサイズは一気に小さくなりました。ところが、話はそこで終わりません。原子核にも「陽子」や「中性子」といった内部構造があり、その陽子や中性子も、いくつかの粒子によって形づくられているのです。

その粒子が「クォーク」と呼ばれるもの。いまのところ、クォークこそが真の「素粒子」だと考えられています。その大きさは、どんなに大きく見積もっても10^{-19}メートル。かつて「素粒子」だと思われた原子とは9桁、その真ん中にある原子核とも4桁違うのです。

さらに重力と電磁気力、そしてあとで説明する強い力と弱い力も統一すると期待されている「ひも理論★」では、素粒子の大きさは10^{-35}メートルだと考えられています。

世界は「ウロボロスの蛇《へび》」

宇宙は10^{27}メートル、素粒子は10^{-35}メートル。この途方《とほう》もないスケールが、私たちが存在する自然界の「幅《はば》」ということになります。その両端《りょうたん》にある宇宙研究と素粒子研究のあいだには62桁もの「距離」がある、と言ってもいいでしょう。

ところが最近の研究では、まったく関係なさそうに見えるこの2つが、実は密接につながっていることがわかってきました。

その背景にあるのは、いわゆる「ビッグバン宇宙論★」です。

★ひも理論　多様な素粒子のあり方を統一的に理解するための理論。

★ビッグバン宇宙論　宇宙は「大爆発《だいばくはつ》（ビッグバン、big ban）」から始まり、だんだん膨張《ぼうちょう》してきたと考える宇宙論。

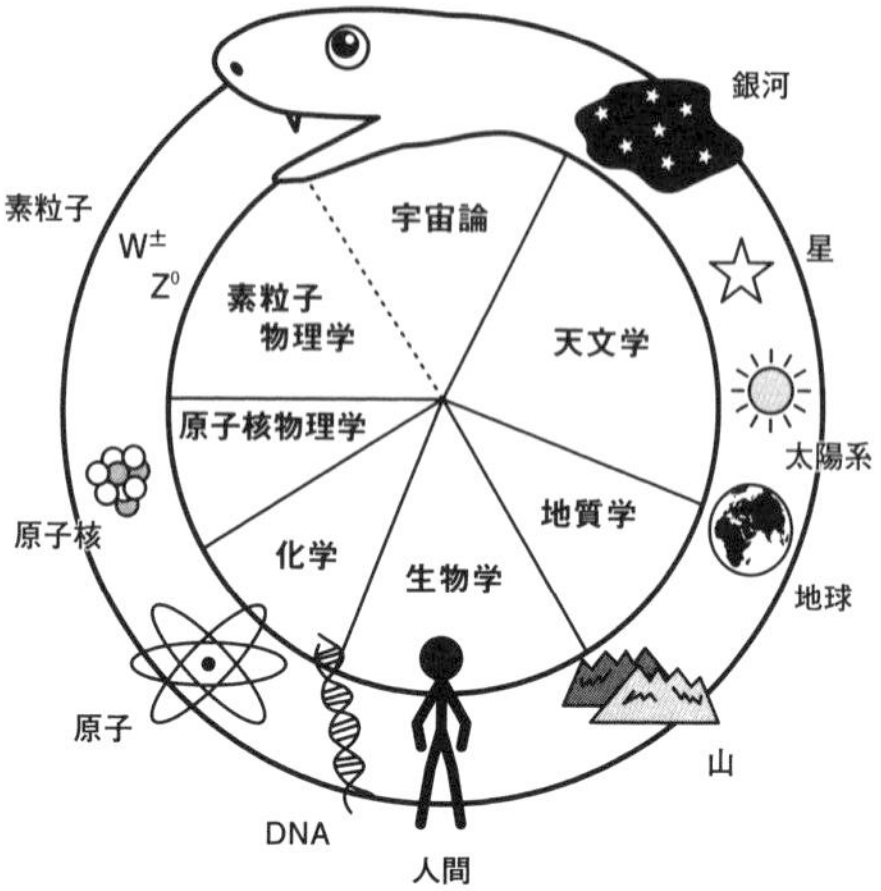

ウロボロスの蛇

ビッグバンの考え方によれば、宇宙は最初から現在のように巨大《きょだい》な空間だったわけではありません。誕生直後から徐々《じょじょ》に膨張《ぼうちょう》して、いまのサイズになっている。その証拠《しょうこ》も見つかっていますが、それはまたのちほど説明しましょう。

膨張しているとすると、宇宙の歴史を遡《さかのぼ》っていけば、そのサイズは逆にどんどん小さくなっていきます。ビッグバン直後の宇宙は、それ以上は小さくできないほど小さいものだったでしょう。

これは、まさに「素粒子《そりゅうし》の世界」だと思いませんか?

したがって、宇宙の起源を知ろうと思ったら、素粒子のことを理解しなければいけません。逆に、大きな宇宙を調べることによって、小さな素粒子についてわかることもあります。自然界の両極端《りょうきょくたん》にあるように見えながら、この2つは切っても切れない関係にあるのです。

みなさんは、ギリシャ神話に登場する「ウロボロスの蛇《へび》」をご存じでしょうか。自分の尾《お》を飲み込んでいる蛇のことで、古代ギリシャでは、「世界の完全性」を表すシンボルとして描《えが》かれました。

宇宙と素粒子のことを考えるとき、私はよくこの蛇を思い出します。宇宙という頭が、素粒子という尾を飲み込んでいる。広大な宇宙の果てを見ようと思って追いかけていくとそこには素粒子があり、いちばん小さなものを見つけようと追いかけていくと、そこには宇宙が口を開けて待っているというわけです。

ですから、宇宙研究者が素粒子を語ることに、何の不思議もありません。

それでは、これからみなさんを、ものすごく小さくて大きな世界へ、ご案内することにいたしましょう。

105

考えてみよう

1　極大《きょくだい》の世界である宇宙と極小《きょくしょう》の世界である素粒子は、どうしてつながっていると言えるのですか。著者はどのように説明していますか。

2　マクロコスモス（大宇宙）に対して人間をミクロコスモス（小宇宙）と見て、二つが同じ構造をもっているという考え方は古代からありました。どうしてそのようなことが言えるのか考えてみましょう。

3　古代ギリシャにおいて「ウロボロスの蛇」は、どうして「世界の完全性」を表すシンボルとなっていたのか考えてみましょう。

さらに読んでみよう

●――『宇宙は本当にひとつなのか――最新宇宙論入門』　村山斉《むらやまひとし》〈講談社《こうだんしゃ》ブルーバックス〉

最新の宇宙論によれば、『宇宙は何でできているのか』の終わりの方で紹介された「暗黒《あんこく》物質」と「暗黒エネルギー」が、宇宙全体の大部分（九六％）を占めているそうです。とはいえ、「暗黒物質《あんこく》」と「暗黒エネルギー」についてはまだ「暗黒」状態、つまり分からないことだらけのようです。「異次元《いじげん》の存在」や「多元的宇宙」の可能性など知的刺激《しげき》にみちた議論が展開されています。（二〇一一年刊）

●——『眠れなくなる宇宙のはなし』 **佐藤勝彦《さとうかつひこ》** 〈宝島社《たからじましゃ》〉

天文学《てんもんがく》とは「天からの文《ふみ》」を読み解く学問だ、と宇宙物理学者である著者は素敵《すてき》に解釈《かいしゃく》します。そして、古代以来、人々は宇宙をどのように見てきたのかを、創世《そうせい》神話からギリシャ、中世、近代を経て、ビッグバン理論、暗黒エネルギー理論まで平明に物語ってくれます。まさにいったん読み出したら、「眠れなくなる」宇宙のはなしです。（二〇〇八年刊）

●——『アインシュタインが考えたこと』 **佐藤文隆《さとうふみたか》** 〈岩波《いわなみ》ジュニア新書〉

アインシュタインの相対論を、ガリレイの相対論《そうたい》にまでさかのぼって、分かりやすく説明しています。アインシュタインの相対論と天文学や宇宙論との深い関係についても理解がすすみます。また、簡潔にさしはさまれるアインシュタインの生《お》い立ちと人柄《ひとがら》の記述も、この世紀の天才を身近に感じさせてくれるでしょう。（一九八一年刊）

●——心理学

『美人は得をするか 「顔」学入門』 山口真美〈集英社新書〉

山口真美《やまぐちまさみ》 一九六四年生まれ。心理学者。乳児《にゅうじ》の顔認識《にんしき》の発達についてユニークな手法で研究を続ける。著書に『センスのいい脳』『赤ちゃんは世界をどう見ているのか』など。

「美人は得をするか」という書名から、気ままなエッセーによる美人論かと思うと大違いです。「顔学《かおがく》」という学問が顔についてどのような研究をしているかを、幅《はば》広い視野で紹介しています。ちょっと考えてみると、「顔」は私たちの生活の中でたいへん重要な働きをしていることにあらためて気づきます。著者の手引《てび》きにしたがって、「顔学」の広範《こうはん》な世界の入り口をのぞいてみましょう。（二〇一〇年刊）

＊　＊　＊

今、顔を考える意味

顔を研究する、それも科学的に解明する。そんなことが学問として成り立つものなのだろうか？　一〇年か二〇年ほど前には、そんな陰口《かげぐち》が研究者の間からもささやかれたものである。当時大学院生だった私は、「顔を研究する」という、ただそれだけで★色眼鏡《いろめがね》で見られたり、からかわれたりした。真面目《まじめ》に研究を志していた駆《か》けだしの学者は、がっかりしたり、立腹《りっぷく》したりしたものだった。

顔といってまず思いおこすのは、人相《にんそう》判断や化粧《けしょう》や、美容整形など、学問や科学からはほど遠い、ワイドショーが扱《あつか》うテーマのようなものだろう。

しかし、そんな考えはまったくの誤解である。なぜなら、★れっきとした「日本顔学会」という学会がある。顔を研究する研究者たちが集まる学会だ。所属する研究者も、人類学・心理学・工学・医学・歯学・美学と多岐《たき》に亘《わた》っている。もちろん、顔を専門とする研究者たちは、いずれの領域であれ、極めて真摯《しんし》な学究の徒《と》である。コンピュータ・グラフィックス（CG）やアニメーションのキャラクターの自然な表情を計算して作りだす技術ができたり、歯列矯正《きょうせい》でどのように顔つきが変化するかを予測したりと、顔に関する研究の成果は現実の生活にかかわっている。

筆者の場合、顔を研究の題材として選んで得をしたことは、さまざまな研究室に出入りする自由を得たことである。研究室というものは本来、分野によって文化が違う。同じ研究者という立場であればなおさら、違う分野の研究室を訪問するのは、なんとなく★気がひけるものだ。そんな中でさまざまな研究室を渡《わた》り歩くというのは、さまざまな国々を放浪《ほうろう》するようなものである。それは今から思えば、とても幸運なことであった。

大学院生活の大半は、人類学の研究室に★居《い》候《そうろう》して、顔の筋肉の測定をした。その後に進んだのが、工学系のコンピュータ・グラフィックス技術を使った顔の研究で、

★色眼鏡　先入観や感情にとらわれた見方。

★れっきとした　歴とした。周囲から認められた。

★気がひける　遠慮《えんりょ》したい気持ちになる。

★居候　他人の家に世話になり、食べさせてもらうこと。

最初に就職した研究所も同じ工学系の研究室であった。

多様な分野の研究者たちが顔に引き寄せられるのは、顔そのものがとても魅力《みりょく》的な素材だからである。そして、とても奥深《おくぶか》い。顔は見た目にも魅力的である上に、多様な特徴《とくちょう》をもつ器官でもある。

発掘《はっくつ》した骨を分析《ぶんせき》する人類学でも、顔は魅力的な研究対象だ。骨の年代を測定し、構造を調べ、骨のもち主《ぬし》の性別や社会的な地位を推定するのが、人類学の研究のひとつである。日々の生活の蓄積《ちくせき》は、骨に出る。骨格は、当時の人々の暮らしぶりを知るための手がかりにもなる。中でも顔の骨格は重要な情報源である。

たとえば顎《あご》の形から、どのようなものを食べていたかが推測できる。硬《かた》いものを

顔に見えてしまうものは身近にたくさんある。左上から時計回りに、ゴミ箱、車、缶《かん》のふた裏、ビデオテープ、木の幹、コンセント

よく食べていたら顎《あご》の骨格はしっかりとするし、軟《やわ》らかいものを好《この》んで食べていたら、顎の骨格は未発達のままといったことなどがわかるのである。社会的な地位が高ければ、丁寧《ていねい》に調理された軟らかい食事をとり続け、その証《あかし》は顔にもあらわれよう。また、顎を含《ふく》めた顔は、食べ物を噛《か》み砕《くだ》くだけでなく、泣いたり笑ったりの表情を作る。

顔の大切な役割に、個人認証《にんしょう》がある。

私たちは顔つきで「人」を覚える。歯医者の受付のお姉さん、行きつけの店のおかみさん、テレビで見かける新人タレント……名前は覚えていなくても、「見たことがある顔」「知っている顔」の数は膨大《ぼうだい》になる。

記憶《きおく》できる顔の数はとても多い。しかも私たちが顔を見るとき、こうした個人の特定だけでなく、男女や美醜《びしゅう》や年齢《ねんれい》といった、実にさまざまな判断を瞬時《しゅんじ》に行うことができる。それはとても特異な能力だ。

そんな対象である顔は、単なる身体の一部である。たった二〇センチ程度の大きさしかない身体の一部に、たくさんの情報が凝縮《ぎょうしゅく》されているというのは、驚《おどろ》きである。

小さいにもかかわらず顔は、複雑な構造をもっているのだ。

顔を形作っているのは骨格である。顎の形や顔の大きさは骨格で決まる。その骨格だけでも、性別や年齢がわかる。人類学者は、白骨死体の性別と年齢の判定にかかわることもある。骨格からいえば、顎が大きければ男性、小さくて丸みを帯びているのが女性である。加齢《かれい》変化でいうと、小さい子どもの丸みを帯びた顔から、年を経てしっかりとした大人の顔になっていく。

ただし、顔は骨格がすべてではない。骨格の上には、脂肪《しぼう》と薄《うす》い筋肉がびっしりと覆《おお》いつくしている。女性の顔には脂肪が多く、丸みを帯びたふっくらとした頬《ほお》を作りあげるのに役だっている。

顔中を取り囲む筋肉には複数の種類があって、それぞれが違う動きをする。こうした顔の筋肉は、腕や足の筋肉とは違って細やかにできている。さまざまな筋肉の組み合わせから、繊細《せんさい》で微妙《びみょう》な表情が作りだされるのである。

心理学者である筆者は、「顔をどのように見るか」を研究している。人類学の研究室で顔の筋肉の測定も経験したが、心理学が扱《あつか》うのは、顔そのものよりも、私たちがどのように顔を見ているかの問題にある。

顔そのものも不思議な存在だが、顔を見ることも実に不思議な行為《こうい》である。私たちは常に顔を気にしている。自分の顔がどう見られるかだけでなく、他人の顔についてもイケメン★だ美人だと気にかける。顔に対する思い入れが強い分、それは見る側の問題に帰結する。「顔がどんな研究になるの？」と皮肉《ひにく》を言われてから数十年の月日がたった。本題に入る前に、これまで蓄積《ちくせき》された顔研究の成果をのぞいてみよう。

★イケメン　美しい顔の、格好いい男性。「イケてる」（格好いい）＋「面」（または英語のmen）の意味。

考えてみよう

1　175ページの写真のゴミ箱、車、缶《かん》のふた裏などは、どうして顔のように見えるのでしょうか。

2　「記憶できる顔の数はとても多い」、「繊細《せんさい》で微妙《びみょう》な表情が作り出される」など、顔は魅力《みりょく》的で奥深《おくぶか》い素材だと言われています。あなたが顔について研究するとしたら、どのようなことをテーマにしますか。

3　あなたは一番身近な人の顔の特徴を細かく挙げることができますか。私たちは普段《ふだん》、相手の顔をどのように見ているのか考えてみましょう。

さらに読んでみよう

●―『読顔力《どくがんりょく》――一瞬《いっしゅん》の表情で心を見抜く技術』**佐藤綾子《さとうあやこ》**〈PHP文庫〉

赤ちゃんが最もよく反応するのは顔の略図《りゃくず》のような図形です。顔の表情を知ることが、私たちの「知る」ことの始まりなのです。この本では、表情分析《ぶんせき》や表情トレーニングを長年実践《じっせん》してきた著者が「一瞬の表情で心を見抜く技術」を披露《ひろう》しています。（二〇一〇年刊）

●―『読顔力――コミュニケーション・プロファイルの作り方』**佐藤親次《さとうしんじ》・簑下成子《みのしたせいこ》**〈小学館新書《しょうがくかん》〉

精神科の医師は、訪問者が話す言葉だけでなく、表情も同時に読み取る必要があります。精神科医の著者は能面《のうめん》を活用して、表情を読み取る能力を測定するシステムを開発するとともに、読み取った表情の情報をデータ化して蓄積《ちくせき》することによって、コミュニケーション力の向上に役立てることを提唱《ていしょう》しています。（二〇〇九年刊）

●――『顔の現象学《げんしょう》』鷲田清一《わしだきよかず》〈講談社《こうだんしゃ》学術文庫〉

顔は町のあちこちにある広告写真やテレビの画面などにあふれていますが、私たちは本当に大切な人の顔をじっくりと眺《なが》めたりはしません。第一、私たち自身の顔ですら鏡という反転した形でしか見ることができないのです。顔の現れについて哲学《てつがく》の眼差《まなざ》しが注がれます。(一九九八年刊)

『わかりやすいはわかりにくい？――臨床哲学講座』

鷲田清一〈ちくま新書〉

「見えているのにだれも見ていないものを見えるようにするのが、詩だ」という詩人の★長田弘《おさだひろし》の言葉を引いて、この「詩」を「哲学《てつがく》」に言い換《か》えても同じことが言える、と著者は言います。そして、「心」「顔」「家族」「食べる」「待つ」「持つ」などの日常の事柄《ことがら》について普通《ふつう》の言葉で哲学的な考察を展開します。ここでは、中世の神学者《しんがくしゃ》であり哲学者でもあった★アウグスティヌスが、人に聞かれなければ自分では分かっているけれども、いざ人に聞かれて説明しようとすると分からなくなる、と言っている「時間」についての著者の思考に伴走《ばんそう》してみましょう。（二〇一〇年刊）

＊＊＊

昔なじみや元の同僚《どうりょう》がちらほら★鬼籍《きせき》に入ってしまい、そう遠くないうちに自分も消えてしまうのだなあ、と意識しだした頃から、ひとは時の移ろいというものにい

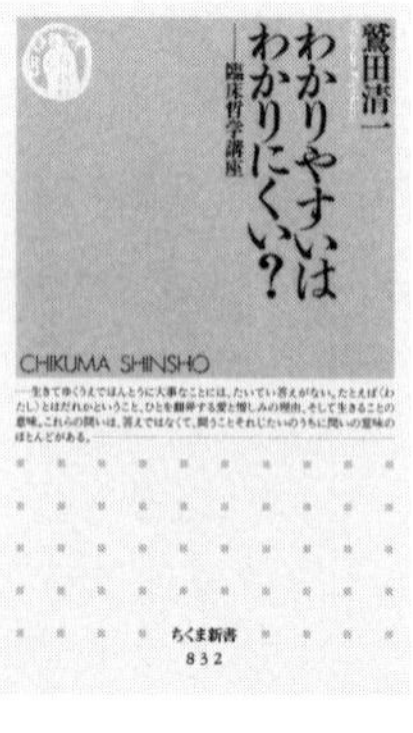

鷲田清一《わしだきよかず》　一九四九年生まれ。哲学者。社会の様々《さまざま》な現場に足を運び、対話の中で人々とともに考える「臨床《りんしょう》哲学」を提唱。著書に『モードの迷宮《めいきゅう》』『「聴《き》く」ことの力』など。

★長田弘　一九三九年生まれ。詩人。

★アウグスティヌス　三五四～四三〇年。キリスト教の神学者、哲学者。

たく思いをはせるようになる。いままではとにかく★時を駆《か》ってきた。が、老いというものがしだいに自分に沁《し》みわたってくるようになると、時の移ろいに身を漂《ただよ》わせる、そんな時間とのつきあい方に少しはなじんでくる。

じっさい、時が経つのは速いものだとふと人生をふり返ることもあれば、時がなかなか経たずにまどろっこしく感じ、その粘《ねば》っこさに辟易《へきえき》することもある。時はこちらの心持ちしだいで、速やかに流れもすれば、ほとんど流れずに淀《よど》んだままのこともある。

けれども、いずれの場合も、時間というものを水の流れのようにとらえている点に変わりはない。時間という現象《げんしょう》について、あるいは現象の形式について、ほぼ同時期に深い注意を払《はら》った哲学者に、★ウィリアム・ジェイムズと★エドムント・フッサールと★アンリ・ベルクソンとがいる。かれらは★西田幾多郎《にしだきたろう》にもっとも大きな影響《えいきょう》をあたえた三人でもあるのだが、その最初のふたりもそれぞれに、時間の連続的な経過に着目し、それを水の流れに喩《たと》えていた。いわく「思考の流れ」、「時間の流れ」というふうに。

さらに時代をうんと遡《さかのぼ》って、古代ギリシャの★ヘラクレイトスはあらゆるものは生成のうちにある、つまり「万物は流れる《パンタ・レイ》」と語っていたし、わが国の鎌倉《かまくら》時代に目を移せば、★鴨長明《かものちょうめい》がこう記《しる》していた。「★ゆく河《かわ》の流れは絶えずして、しかももとの水にあらず。よどみに浮《うか》ぶうたかたは、かつ消えかつ結びて、久《ひさ》しくとゞまりたるためしなし」、と。

★鬼籍に入る　死ぬ。

★時を駆る　忙《いそが》しく過ごす。

★ウィリアム・ジェイムズ　一八四二〜一九一〇年。アメリカの哲学者、心理学者。プラグマティズムの提唱者。

★エドムント・フッサール　一八五九〜一九三八年。ドイツの哲学者。現象学の創始者。

★アンリ・ベルクソン　一八五九〜一九四一年。フランスの哲学者。

★西田幾多郎　一八七〇〜一九四五年。日本の哲学者。『善《ぜん》の研究』が有名。

★ヘラクレイトス　紀元前五三五頃〜前四七五年頃《ころ》。古代ギリシャの哲学者。

時間を水の流れに喩《たと》えるというのはどういうことか。「いま」はすぐに「いま」でなくなる、未《いま》だ「いま」でないものが次々に「いま」になる。「いま」とは現在であり、「いま」でなくなったものは過去であり、「いま」になるものは未来である。その未来から現在、そして過去への変化を、川の流れのように考えるということである。

しかし、時間はそもそもそのように、未来から現在へと流れ来たり、現在から過去へと流れ去るものなのだろうか。

「流れ」という喩え

たしかに時を測るとき、わたしたちはまず時計を見る。時計の時間は数量化された時間であり、その均質な時間の経過が時計の針とそれが刻む円形に配された数とで示される。それは言ってみれば、空間化された時間、点の連続としての時間である。しかし、時間がどのように体験されるかという視点から時間を眺《なが》めてみれば、それは移りゆくもの、過ぎゆくものであり、そのようなものとして、たとえば「時間がなかなか経《た》たない」とか「もう時間になったの？」「あっという間に過ぎたね」「さあ、いよいよこれからだね」というふうに感じられる。そういう緩急《かんきゅう》をもったものとして、それは水の流れに喩えられる。

では、ひとはこうした流れのなかでその流れとしての時間をどのようにとらえているのか。そこでいま橋の上から川の流れを見下ろしているシーンを想像してみる。

★鴨長明　一一五五〜一二一六年。平安時代末期から鎌倉時代にかけての歌人。『方丈《ほうじょう》記《き》』が有名。

★ゆく河の……なし　「川の水はつねに流れていて、同じ水がありつづけるわけではない。水がよどんでいるところに浮かんでいる泡《あわ》も、消えたり生じたりしていて、同じ泡がありつづけるわけではない」という意味。

橋の上から川の流れを見下ろすには二つのやり方がある。上流の側の★欄干《らんかん》にもたれ、向こうからやってくる流れを見るのと、下流の側の欄干にもたれ、足許《あしもと》から向こうへ去ってゆく流れを見るのとである。言いかえると、まだないものがこちらに来るのと、足許にあるものがだんだん見えなくなってゆくのとである。

　時間を水の流れのように感じるにしても、だから、向こうからやってくる水を見ながら言うのと、向こうへ去ってゆく水を見ながら言うのとでは、同じ流れであっても★趣《おもむき》はずいぶん異《こと》なる。流れは上流のほうを見やっているときには「まだない」が「いま」となることとして感じられ、下流のほうを見やっているときには「いま」が「もうない」となることとして感じられる。

　人生の「上り坂」にあるひとはたいてい上流のほうに向かって水を眺める。これからやってくる先の時間のことばかり考え、それとの関係で自分がいまやるべきことを決める。いずれ消えゆくものについてはくよくよ考えないで、気を取り直して、次になすべきことを考える。そう、プロジェクトである。プロジェクトの「プロ」というのは、「前方に」「先に」「前もって」を意味するラテン語の接頭辞《せっとうじ》pro- である。プロジェクトも、もとはと言えば「前に投げる」という意味だ。そこである企《き》業《ぎょう》プロジェクトを開始するときにひとがすることを列挙《れっきょ》してみると、おもしろいことに気づく。

　まず、利益（プロフィット）の見込み（プロスペクト）を立てる。立てば計画（プログラム）に入る。そしてそれにしたがって生産（プロデュース）を開始する。売りさば

★欄干　橋のへりにある柵《さく》のようなもの。

★趣　ようす。事情。

き、やがて約束（プロミス）手形で支払《しはら》いを受ける。そして利潤《りじゅん》の計算をして、企業《きぎょう》活動として進展（プログレス）があれば、さらに販売促進《はんばいそくしん》（プロモーション）に努める。そして一段落したところで、推進者には昇進《しょうしん》（プロモーション）が待っている……。「プロ」のオンパレードである。これほどまでに仕事は「前向き」である。プロ、プロ、プロ。いつも前方ばかりを向いている。つまり、時の流れのいわば上流をしかと見つめながら、他よりいちはやく流れ来るもの（トレンド）を摑《つか》んだものが勝ちなのである。

これらの背景には、知識の増大、真理への接近、合理性の開花、道徳性の向上、技術力の増大、貧困《ひんこん》からの解放といった、啓蒙《けいもう》主義的ないしは進歩主義的な歴史意識がある。さまざまな文明的な価値が人類の歴史のなかで★累進《るいしん》的に増大してゆくという時代感覚であり、時代はよりよい未来に向けていま前進しつつあるという歴史感覚である。

ちなみに、そういう前のめりの時間感覚を純化したのがネオマニー（新しもの好き）の心性《しんせい》である。ネオマニーは、未知のものにもっとも近いフロント（先端《せんたん》）にいま自分がいるという感覚を生きようとする。前のめりの「いま」がこのようなひとたちにとっては、フロント（最前線）と感じられる。流行を追うひとたち、アヴァンギャルド（前衛《ぜんえい》的）なひとたちがかつて、その感覚を「★ナウい」と表現したのも、いま何かが終わり、別の何かが始まるという、そういう★分水嶺《ぶんすいれい》として現在を感じていたいという思いがかれらを貫《つらぬ》いていたからである。分水嶺と感じるというのは、流れ来

★累進的　価格や数量が増えるとともに増加率が高くなること。

★ナウい　現代的である。「ナウ」（英語の now）に「い」をつけて形容詞にした表現。

★分水嶺　物事の成り行きが決まる分かれ目。

ることと流れ去ることとの境への強烈な意識であり、発端と終焉とのその境目に自分がいるという意識である。そういう強い「物語」をかれらは生きようとしてきた。

これに対して、いまどきの若いひとたちはたぶん、そのようには時間を感じない。そんな「前向き」の生活がひとの時間をどんなに貧しくしているかを、せかせかして余裕《よゆう》のない親たちの生活を見て知っている。先を見ても、荒《あ》らされた畑ばかりが見えて、自分が一から拓《ひら》くような土地は見えない。だからすぐに「ぜんぶ見えちゃっている」とうそぶく。そして橋の上に立っても、流れ去る水ばかり見る。そして、前方をこれ以上見ても★詮《せん》ない定年まぎわの初老のひとのように、こうつぶやく。「なんかもう済んだ感じ」「自分ももうそんなに若くない」、と。なんとも切《せつ》ない光景だが、逆に、だから「いま」という時間を大事にしようと思いつめているようでもある。ともあれ、未来との関係で現在を位置づけるという生き方はもうできない、ここで何かをしなければもうぜんぶ終わってしまう……という、せっぱつまった感情が、思春期と呼ばれる人生の時期にせり出してきていることはたしかだ。

「流れ」の喩《たと》えを下敷《したじ》きにして人生を見ると、人生の光景はさしあたってそのようなものとして浮かび上がってくる。

★詮ない　仕方がない。

考えてみよう

1　あなたは「時間は流れる」と感じていますか。「流れる」と感じるとしたら、あなたは「上流」の方を見ていますか、それとも「下流」の方を見ていますか。

2　時計が生活に浸透《しんとう》したことによって、生活はどのように変化したと思いますか。

3　商品の世界では、つねに「新製品」がよいものとされます。商品の世界の原理も「ネオマニー（新しもの好き）」なのです。商品の世界の「ネオマニー」は何を目的としていると思いますか。

さらに読んでみよう

●──『〈子ども〉のための哲学《てつがく》』**永井均**《ながいひとし》〈講談社《こうだんしゃ》現代新書〉

子どもの心をもった人こそが自分で哲学できる、と著者は言います。この本は、著者自身の子ども時代からのほんとうの疑問二つ、「なぜ僕は存在するのか」と「なぜ悪いことをしてはいけないか」に、全力をあげて答えようとしています。（一九九六年刊）

●──『高校生のための哲学入門』**長谷川宏**《はせがわひろし》〈ちくま新書〉

「今の世の中、若者たちにとって住みやすくないな」という思いをもつ著者は、「どんなふうにして私たちの社会はここまできたか」を明らかにすることを目指します。そして、「自分と向き合う」「人と交わる」「社会の目」「遊ぶ」「老いと死」などの日常的テーマについて分かりやすく哲学的考察を展開しています。（二〇〇七年刊）

●──『「時間」を哲学する──過去はどこへ行ったのか』**中島義道**《なかじまよしみち》〈講談社現代新書〉

時間のあり方が本格的に気になった人におすすめの本です。時間についてねばり強い思考がくりひろげられ、その結論として、「現在」ではなく、「過去」こそが「時間」の中心となる、という一見奇妙《きみょう》な論点にみちびかれます。（一九九六年刊）

コラム4 新書の特色——学問研究をめぐって

新書の二つ目の特色は、一流の学者が自分の専門領域について分かりやすく手ほどきしてくれる学問入門の本が充実《じゅうじつ》している点です。

学問の入門書というと、大学の教養教育で使う教科書が代表的ですが、残念なことに、そうした教科書で一般《いっぱん》の人たちにも読まれている本はほとんどないのが現状です。しかし、たくさんの新書がその代役を十分に果たしています。ただ、新書のボリュームでは、学問の全体像を示すことはむずかしいので、テーマをしぼって、その学問の考え方、論じ方を示すという内容のものが多いようです。

齋藤孝《さいとうたかし》は、現代の学生に新書を読む習慣がなくなっていることを嘆《なげ》いています（『読書力』岩波《いわなみ》新書）。「学問をコンパクトにまとめた」新書は「学問の入門書として最適」であり、「学問をし始めるはずの大学生」が新書を読まないのは「不自然」だ、と言うのです。

以下、第4部でとりあげなかった学問分野の入門書として適している新書を列挙《れっきょ》してみます。［　］の中は、その本のキーワードです。

加藤尚武《かとうひさたけ》『新・環境倫理学《かんきょうりんりがく》のすすめ』丸善《まるぜん》ライブラリー［世代間倫理、持続可能性］／丸山真男《まるやままさお》『日本の思想』岩波新書［理論信仰《しんこう》と実感信仰、「である」ことと「する」こと］／田中克彦《たなかかつひこ》『ことばと国家』岩波新書［母語《ぼご》、国語］／網野義彦《あみのよしひこ》『無縁《むえん》・苦界《くがい》・楽《らく》』平凡社ライブラリー［中世史、自由］／宮田登《みやたのぼる》『民俗学《みんぞくがく》への招待』ちくま新書［民間信仰、都市伝説］／亀山郁夫《かめやまいくお》『『カラマーゾフの兄弟』続編《ぞくへん》を空想する』光文社《こうぶんしゃ》新書［革命《かくめい》、皇帝《こうてい》暗殺］／遠山啓《とおやまひらく》『数学の学び方・教え方』岩波新書［集合、関数］／竹内敬人《たけうちよしと》『人物で語る化学入門』岩波新書［ドルトン、ラボアジェ］／鎌田浩毅《かまたひろき》『地学のツボ——地球と宇宙の不思議をさぐる』ちくまプリマー新書［地震《じしん》、火山］／五十嵐太郎《いがらしたろう》『現代建築に関する16章——空間、時間、そして世界』講談社《こうだんしゃ》現代新書［素材、空間］／吉永良正《よしながよしまさ》『「複雑系」とは何か』講談社現代新書［反要素主義、学際性］。

第5部

クリティカルに読む

教室の「読解」の授業では、書かれていることを正確に理解することに力点《りきてん》が置かれがちです。しかし、それだけでは、アカデミックな世界でも実際の社会でも、読む力としては不十分です。情報化社会に生きる私たちは、言葉の意味を分析《ぶんせき》する力、信頼《しんらい》できる情報や本当に必要な情報を選び取る力、論理の妥当《だとう》性《せい》を検討《けんとう》する力、インターネットの情報を正しく活用する力などを身につける必要があります。ここでは、そのようなクリティカルに読む力をつける本を紹介します。

『ことばと思考』

今井むつみ〈岩波新書〉

人は言葉を通して世界を見たり、ものごとを認識《にんしき》したりします。この本では「前」「後」「左」「右」という言葉のない言語では、位置関係をどのように表すのか、言葉の獲得《かくとく》は子どもの思考にどのような影響《えいきょう》を与えるのかなど、認知心理学《にんちしんりがく》の立場からことばと思考の関係について興味深い話が紹介されています。ここでは、言語による位置関係の表し方の違いや、「入れる」という動作についての日本語と英語のとらえ方の違いを見てみましょう。

（二〇一〇年刊）

今井《いまい》むつみ　心理学者。専門は認知科学、言語心理学、発達心理学。著書に『ことばの学習のパラドックス』『人が学ぶということ』など。

＊　＊　＊

「猫《ねこ》はマットの顔に」

　モノとモノの関係を表すとき、「前」「後」「左」「右」の他に、「○○が△△の上（下）にある」とか「中にある」なども、よく使う表現である。「上」は英語ではon

と思いがちだが、実はそんなに単純ではない。例えば日本語で「それは、あなたの頭の上にあります」と言ったとき、英語では“It is on your head.”あるいは“It is above your head.”という二つの解釈《かいしゃく》が可能《かのう》である。

日本語では基準点《きじゅんてん》より垂直方向《すいちょくほうこう》に上、つまり重力《じゅうりょく》と反対方向にモノがあるときに「上」ということばを使う。「絵はテーブルの上にある」と言ったとき、それがテーブルの表面上《ひょうめんじょう》にある、つまり英語で言うところのonという意味なのか、テーブルの「上方向」つまり英語のaboveなのかは曖昧《あいまい》である。英語のonは垂直軸《じく》で上方向であることは関係なく、例えば机の側面にシールが張ってある場合、“The sticker is on the side of the table.”、壁《かべ》に絵がかかっている場合、“The picture is on the wall.”と言う。しかし、“The picture is on the table.”と言った場合、「絵が（机の表面に接触《せっしょく》せずに）机の上方にある」という解釈はありえない。つまり、英語のA on Bは「AがBの表面に接触し、それによって支えられている」という関係のカテゴリー、A above Bは「AはBの垂直軸で重力と反対方向に位置し、Bと接触していない」という関係のカテゴリーを指すのであって、「接触、支え」に★頓着《とんじゃく》しない日本語の「上」とはカテゴリーの基準がまったく異なるのである。

メキシコの先住民族《せんじゅうみんぞく》の話す言語で、ミシュテック語という言語がある。この言語は、モノ同士の位置関係を、動物の体のどこにあるかになぞらえてカテゴリー分けする。何かが実際に動物の体のどの部位にあるか、ということではない。例えば別《べっ》掲《けい》の図5中のaのような状況《じょうきょう》、日本語なら「ネコはマットの上にいる」、英語なら

★頓着　深く心にかけること。気にすること。「とんちゃく」とも読む。

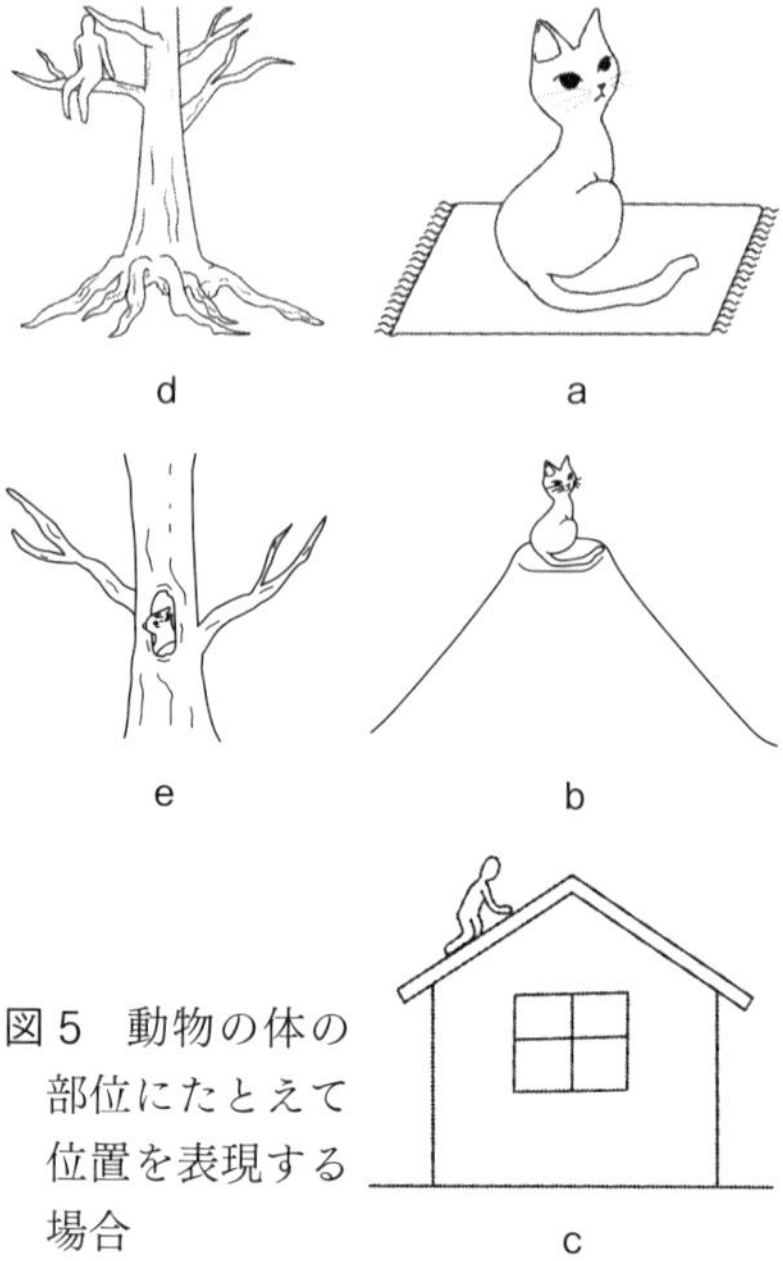

図5　動物の体の部位にたとえて位置を表現する場合

“The cat is on the mat.”と言うところを、マットの表面をマットの顔に見立てて、「顔（のところ）にいる」と言う。図のbの状況は「ネコは山の頭にいる」と言うし、cでは「家の背中に人がいる」、dでは「人が木の腕《うで》のところにいる」、eでは「リスは木のおなかの中」である。つまり、この言語はモノ同士の位置関係を、参《さん》照点《しょうてん》になるモノの形によって、動物の体のどの部分にたとえるか、という暗黙《あんもく》の了《りょう》解《かい》が言語話者《わしゃ》の間にあり、頭、顔、肩《かた》、腹、背などのカテゴリーに分けていくのだ。

入れる、置く、はめる

以下の状況《じょうきょう》を思い浮かべてほしい。ⓐりんごをボウルの中に入れる、ⓑカセットをケースに入れる、ⓒジグソーパズルの最後のピースをその位置にはめる、ⓓカップをテーブルの上に置く、ⓔ靴下《くつした》を履《は》く、ⓕめがねをかける、ⓖコートをハンガーにかける、ⓗ指輪を指にはめる、ⓘイヤリングを耳につける、ⓙ帽子《ぼうし》をかぶる、ⓚマフラーを首に巻く。これらの動作《どうさ》を英語で言うと、どうなるか。ⓐⓑⓒはput in、残りはすべてput onだ。このように、身近な小さなものをどこか身の回りの場所に移動させる行為《こうい》も、言語が違うと分類の仕方がずいぶん違う。

英語は小さいモノをどこかへ移動させる行為を表現するとき、ほとんどの場合putという動詞を使う。putは日本語で言うと「する」のように非常に意味が広いので、実際に行為を分類するのは前置詞《ぜんちし》である。ⓐ—ⓚの状況を分類するとき、英語では、モノが移動した後の場所がモノを接触《せっしょく》によって支えるか（ⓓ—ⓚ）、モノを包含《ほうがん》するか（ⓐ—ⓒ）によって決まる。日本語の場合には、動詞によって、そして、もっと複《ふく》雑《ざつ》な基準《きじゅん》で、これらの状況を分類している。

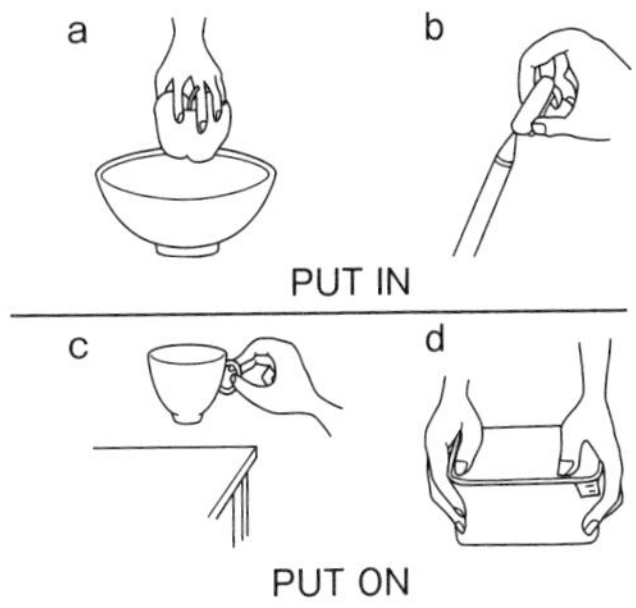

図 6–a　英語の put in, put on

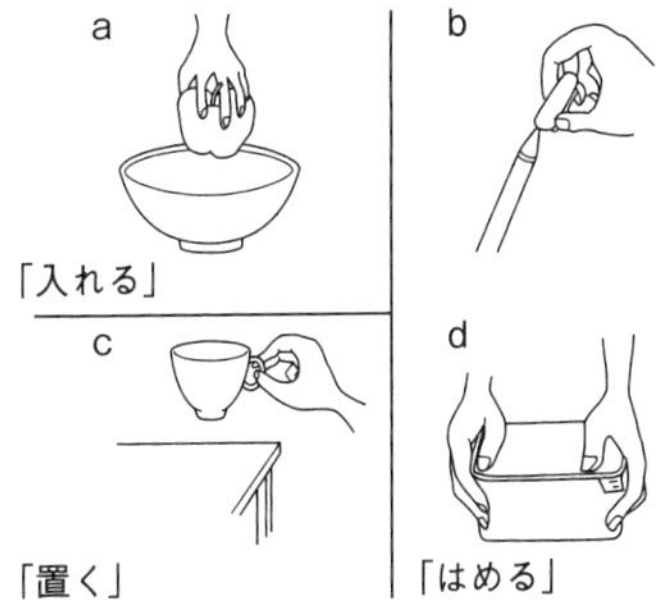

図 6–b　日本語の「入れる」「置く」「はめる」

「入れる」と「置く」は、一見《いっけん》するとput in, put onに対応しているように見える。しかし、図6—a、bを見てほしい。日本語が「入れる」と「はめる」として区別したい状況を、英語ではしない。「はめる」は「入れる」とどのように違うのか。「はめる」は動かされるモノとその到《とう》着《ちゃく》地点の形が（凹《おう》凸《とつ》のように）ぴったりすき間《ま》なく、合わさるときに用いる。英語では両者がぴったり密《みっ》着《ちゃく》した関係で落ち着こうが、そうでなかろうが、モノが到着地点のモノに包含《ほうがん》されればどちらも put in として表現し、ひとくくりにして扱《あつか》うのである。

複雑に分類する日本語

put on も、日本語の「置く」よりずいぶん広い。モノを体のどこかが到着《とうちゃく》地点になるように移動させる場合（つまり何かを「身に着ける」場合）、日本語は、到着地点の体の部位によって細かく動詞を使い分ける。例えば、靴下《くつした》やズボンなど、モノが下方向から上方向に向けて移動し、最終的に腰から下に到着する場合には「履《は》く」、帽子《ぼうし》のように頭を覆《おお》うような場合は「かぶる」だ。メガネの場合のように、到着地点がフック状に突き出していて、モノの一部をそこで支えるようになる場合には「かける」というように、到着地点の特徴《とくちょう》によって区別する。

「指輪をはめる」は興味深い。指輪や手袋など、身に着けるものでも最終的に体のその部分とモノがぴったり密着する場合には「はめる」を使うのだ。

こう考えてみると、英語は表面で支えるか包含か、という観点でシンプルにこれらの状況《じょうきょう》を分類しているのに対し、日本語は、同じ状況を、モノとその到着地点が、ぴったりとフィット★した関係なのかルーズ★な関係なのか、あるいは、到着地点の一部でモノを支えるのか、モノが上から下へ移動するのか、下から上に向かって移動するのか、などいろいろな基準で複雑に分類しているのである。

★フィット　fit（英語）　うまく合うこと。

★ルーズ　loose（英語）　ゆるいこと。

考えてみよう

1　本文に書かれている日本語の「上」と英語の on, above の意味の違いを図に表してみましょう。on, above の場合はどうなるでしょうか。

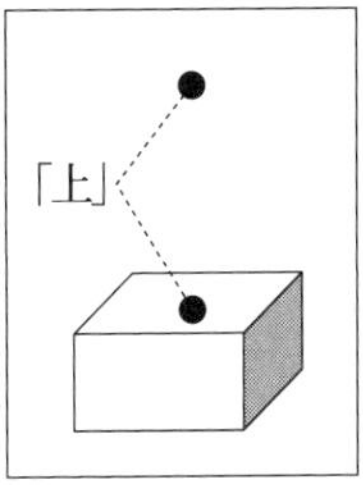

「上」

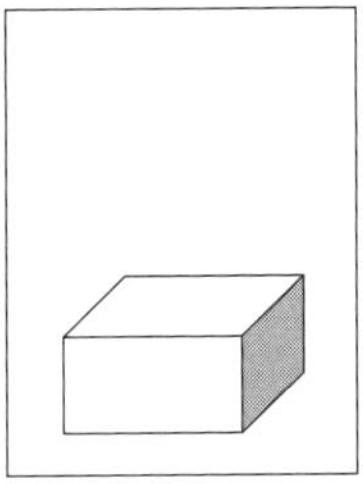

above, on

2　1で作成した図を使って「上」と on, above の意味の違いを説明してみましょう。

3　あなたの知っている他の言語では、図6の a～d の四つの動作をどのように表現しますか。表現の仕方にどんな基準があるか考えてみましょう。

さらに読んでみよう

●『ことばと文化』鈴木《すずき》孝夫《たかお》〈岩波新書〉

異なる文化を比較《ひかく》するときに、対応する言葉や具体的な物を文化や社会の構造から切り離《はな》して比べてみても意味がありません。この本では、日本語と英語・フランス語といった欧米《おうべい》の言語の人称《にんしょう》代名詞、親族名称《めいしょう》などを比較し、言葉が文化と社会の構造によって規定されることを具体的に立証しています。かなり前に出版されたものですが、言葉と文化の関係を一般《いっぱん》の人向けにわかりやすく説明しており、今でも色あせていません。（一九七三年刊）

●『朝鮮語《ちょうせん》のすすめ――日本語からの視点』渡辺吉鎔《わたなべきるよん》・鈴木孝夫《すずきたかお》〈講談社《こうだんしゃ》現代新書〉

ソウル出身の言語学者である渡辺は、これまでの日本語論がもっぱら英語を中心とした欧米語《おうべい》との比較《ひかく》で論じられ、それをもとに日本文化特殊論《とくしゅ》へとつなげられてきたことを批判しています。地理的にも近く言語的にも共通点の多い朝鮮語《ちょうせん》（韓国語《かんこく》）との比較によって、これまでの日本語論の問題点を指摘《してき》するとともに、新たな切り口で日本語の特徴《とくちょう》を明らかにしています。（一九八一年刊）

●『心と脳――認知《にんち》科学入門』安西祐一郎《あんざいゆういちろう》〈岩波新書〉

認知科学は人間の「心」「意識」「思考」「知覚」などを情報処理過程として研究しようとする学問で、言葉の理解や表出のしくみを知るうえでも、重要な役割を果たしています。この本は、認知科学の考え方や方法、歴史的な経過や今後の課題などを分かりやすく説明しており、入門書として最適《さいてき》です。（二〇一一年刊）

『知的思考力の本質』

鈴木光司
竹内薫
〈ソフトバンク新書〉

哲学《てつがく》と物理学は「人間・生命・宇宙など物事の根源《こんげん》を追求《ついきゅう》する思考力を養《やしな》う」学問で、それらは知的思考力の本質に深くつながるものだといいます。この本では、「知的思考力とは何か」というテーマで、哲学・物理学と結びついたホラー小説を世に送り出してきた鈴木《すずき》と、物理学・科学哲学に詳しいサイエンスライターの竹内《たけうち》が対談《たいだん》を行っています。ここで取り上げるのは、「脳死」の問題を例に、科学的に考えるとはどういうことかを論じている部分です。（二〇〇九年刊）

＊　＊　＊

鈴木　物事を自分の力で一生懸命《いっしょうけんめい》考えようとしたら、より確かなものに頼《たよ》るしかありません。たとえば、*脳死の問題。「脳死は人間にとっての死か、否《いな》か」という問題を考えるとき、徹底《てってい》的に科学的に考えて、自分の意見を形成しなくてはならない。

鈴木光司《すずきこうじ》　一九五七年生まれ。作家。九〇年、『楽園』が日本ファンタジーノベル大賞優秀賞を受賞。著書に『リング』『バースデイ』など。

竹内薫《たけうちかおる》　一九六〇年生まれ。サイエンスライター。専門は科学史・科学哲学、高エネルギー物理学。著書に『99・9％は仮説《かせつ》』『宇宙のかけら』など。

与えられた課題に正確に答えるためには、科学的な分析が必要なのです。

自分がつくり上げた意見が、客観的にどれだけ正解に近いかを保証《ほしょう》するためには、検証《けんしょう》に一番耐《た》えているものに寄りかかるしかない。その「検証に一番耐えているもの」が、僕にとっては科学なのです。

我々が生きていく中では、新しい問題、解かなくてはいけない問題が必ず出てきます。それらの問題に絶対的に正しい答えはないかもしれないけれど、なるべく正しい答えに近づけたいと思う。その際に必要なのが科学です。科学的な根拠《こんきょ》を無視《むし》し、勝手な★屁理屈《へりくつ》を駆使《くし》してつくり上げた意見に有効性はありません。


*脳死＝人の死の時点を判断する基準《きじゅん》のひとつで、現在の日本では臓器提供《ぞうきていきょう》する意思があるときに限《かぎ》り、脳死を人の死としている。脳死状態でも人工呼吸器《こきゅうき》を装着《そうちゃく》していれば心臓《しんぞう》も動くが、自発呼吸はない。ただ、見た目は眠っているかのようなので、脳死を人の死と認めるのに抵抗《ていこう》を感じる人も少なくない。

どう問い、どう答えるか

鈴木　僕は二〇〇八年、母校慶應義塾《けいおうぎじゅく》大学の文学部で特別講座の講師をしました。一応、哲学《てつがく》を論じているつもりでしたが、*カントや*デカルトなど、過去の偉大《いだい》な哲学者たちの思想を解説したわけではありません。哲学とは、ある課題が与えられたとき、より正しい答えに近い解答を導き出すべく、考え方の道筋を★ブラッシュアッ

★屁理屈　まったく論理的ではない説明や主張。

★ブラッシュアップ　brush up（英語）　みがき上げること。さらに良くすること。

プすることと定義したうえで、さまざまな例題を実地《じっち》に解いていこうとする内容でした。問題解決の手段としては、科学的な手法を取り、ときに設問の立て方を変えて、より正しい答えに近づけようとする。

その講義で、脳死の問題を出したことがあります。答案用紙を配って、あなたは脳死を人の死と認めるか否《いな》か。「認める」もしくは「認めない」と結論を書いてもらいました。その理由を一五分間で書いてもらう。一五分が経ったら、その答案用紙を裏返して机の上に置いてもらう。その後、五分ぐらいかけて簡単に解説を加えました。事故死でも、病死でも、人工呼吸器を使わない自然な流れでの死というものは過渡的《かとてき》なものであり、生きている状況《じょうきょう》から死んでいる状況へ移行していくものなんだ、と。

まず呼吸が止まる。呼吸が止まると酸素が行かなくなるから心臓が止まる。それから脳死前の兆候《ちょうこう》として瞳孔《どうこう》が開く。その後に脳死が起こる。脳死が起こってもまだ細胞《さいぼう》の一部は生きていて、ひげが生えたり髪《かみ》の毛が伸《の》びたり、その後、十数時間してようやく全細胞死が起こる。こうなったら、ひげも生えない。死とはこのように過渡的《かとてき》なものであることを解説しました。

そこで学生に、「君たちがどこかで、この過渡的な死という現象《げんしょう》に線を引いて『人の死はここだ』と決めなくてはいけない立場になった。どこを人間の死とするのか、自分で判断して決めてください」と言いました。すると、学生の半分くらいが「えっ」と言ったきり考え込んでしまった。

話をわかりやすくするために、死が起こる順番としては「呼吸停止《こきゅうていし》」「心臓《しんぞう》停止」「脳死」時間を置いて「細胞死《さいぼうし》」。この四つのうち、どこを死とするか、答案用紙の裏に書きなさいと言いました。答えを回収してみると非常に興味深い結論を得ることができました。まず、脳死を死と認める人と認めない人の割合は全くの半々《はんはん》。そして、脳死を死と認めない人は、「細胞死」を死とした。脳死を死と認めないならば、順番からして脳死の次にくる「細胞死」としか書けない事態《じたい》に立ち至るわけです。そこで、ふと思ったことでしょう。「細胞死」を死と決定している国なんてどこにもないからこの答えはおかしい、と。僕はあえて現状における正解というようなものを学生たちに伝えませんでした。論理的に考え、答えを導くことが大切なのであり、僕の考えを押しつけるのが講義の目的ではなかったからです。

竹内　昔の考えだったら「心臓停止」の時点で死という一種の固定観念《こていかんねん》がありましたが、学生たちは一応ちゃんと考えて「脳死は死じゃない」と言ってしまった以上、「心臓停止」の時点には戻《もど》れない。

鈴木　そう、戻れない。だから、脳死を死と認めない全員が「細胞死」と書いた。死、すなわちポイント・オブ・ノーリターン★はどこか。呼吸が停止しても人工呼吸器で復活するし、「心臓停止」したって胸骨圧迫《きょうこつあっぱく》による心臓マッサージで回復する。しかし、「脳死」「細胞死」は戻りません。ならば、「脳死」から「細胞死」までの十数時間は生きていると言えるのか。

「細胞死」を死とする人は、「脳死」から「細胞死」までの十数時間は生きている

★ポイント・オブ・ノーリターン　point of no return（英語）　そこを超《こ》えてしまうと、もう引き返しが不可能となる地点。

状態だと言い張らなくてはならない。ある個人の細胞の一部が生きているのが生《せい》だというのならば、その個人が癌《がん》を患《わずら》っていたとして、癌細胞を採取してシャーレ★で培養《ばいよう》したらどうなるか。癌はシャーレの中で培養する限り永遠に生き続けます。あるいは臓器を移植して、他の人間の身体内でこれが機能し続けている場合はどうなるか。全細胞死で死と認めた場合、どうしても矛盾《むじゅん》が避《さ》けられなくなる。

ここで大切なのは、問題の出し方によって答えが変わってくる点です。脳死を死と認めるかどうか、という問い掛《か》け方だと答えは半々。人の死にどこかで線を引け、という問いだと考え込んで、脳死を死と認めない人もおそらく、これは脳死で線を引くしかないと思い至る。そこで細胞死で線を引くと答えた人も、心の中でもう一回、では生きているということはどういうことなのか、生とは何か、という問い掛けをしたとき、脳死から細胞死への間の十数時間、これは生きていると言えるのだろうか、と考えるとやはり答えが変わってくる。

★シャーレ　Schale（ドイツ語）化学の実験などに使うガラスの皿《さら》。

＊カント＝ドイツの哲学者《てつがく》イマヌエル・カント（一七二四〜一八〇四）。ドイツ観念論哲学の祖であり、影響《えいきょう》力の大きい近代思想家の一人。

＊デカルト＝フランスの哲学者・数学者ルネ・デカルト（一五九六〜一六五〇）。「我思う、故《ゆえ》に我あり」という命題で有名な近世哲学の父。

考えてみよう

1 脳死について二通りの問題を出して学生に答えさせています。最初と二回目では、問いの立て方がどのように違っているでしょうか。

2 「脳死を死と認めるか」という問題についての鈴木《すずき》自身の考えとその根拠《こんきょ》を推察《すいさつ》してみましょう。

3 鈴木は大学の講義で「脳死」の問題を通して、学生たちに何を伝えようとしたのでしょうか。

さらに読んでみよう

●――『クリティカル進化論《シンカー》――『ＯＬ進化論』で学ぶ思考の技法』文／道田泰司《みちたやすし》・宮元博章《みやもとひろあき》　漫画《まんが》／秋月《あきづき》りす〈北大路書房《きたおおじしょぼう》〉

「身近な問題について、正確にきちんと理解し、自分の力で考え、適切《てきせつ》な判断《はんだん》ができたら、また、自分の意見がきちんと言え、有意義《ゆういぎ》な提案《ていあん》がどんどんしていけたらどんなにいいことだろう」――そう考える人のために書かれたクリティカル・シンキングの入門書です。秋月の『ＯＬ進化論』という漫画《まんが》をもとに、クリティカルな思考の方法を楽しくわかりやすく教えてくれます。（一九九九年刊）

●――『「科学的思考」のレッスン――学校で教えてくれないサイエンス』戸田山和久《とだやまかずひさ》〈ＮＨＫ出版新書〉

第一部はクリティカル・シンキング（「科学的思考」）の入門書になっており、「良い理論」と「悪い理論」はどこが違うのか、理論や仮説はどのように検証《けんしょう》されるのかなどが明らかにされます。第二部では、原発《げんぱつ》や生命科学など生活に大きな影響《えいきょう》を与《あた》える話題を取り上げ、それらのリスクとの向き合い方や市民

が科学リテラシーを身につけることの重要性を説いています。（二〇一一年刊）

●──『哲学思考《てつがく》トレーニング』 伊勢田哲治《いせだてつじ》 〈ちくま新書〉

著者は、クリティカル・シンキングの第一歩はものごとを鵜呑《うの》みにせず上手《じょうず》に疑うことだと述べています。哲学や論理学、倫理《りんり》学などの思考の方法を具体的な事例をもとに解説しています。専門的な説明の部分もありますが、身近な例を挙げて説明しています。一歩ずつ筋道《すじみち》を立てて考えるコツが見えてきます。巻末に一五ページにおよぶ参考文献《ぶんけん》の紹介《しょうかい》がついています。（二〇〇五年刊）

●——論理

『ダメな議論——論理思考で見抜く』

飯田泰之〈ちくま新書〉

飯田泰之《いいだやすゆき》　一九七五年生まれ。経済学者。専門は経済政策。著書に『経済学思考の技術』『昭和恐慌《きょうこう》の研究』など。

メディアやネット上の議論では、間違ったことが常識として通用していたり、根拠《こんきょ》のないままに議論が進んで行くことも少なくありません。著者は「ダメな議論」のチェックポイントとして、「定義の誤解《ごかい》・失敗」「無内容または反証《はんしょう》不可能な言説《げんせつ》」「難解な理論の不安定な結論」「単純《たんじゅん》なデータ観察」「比喩《ひゆ》と例話《れいわ》に支えられた主張」の五つを挙げています。そして現代日本の政治・経済に関するさまざまな議論を取り上げ、その問題点を分析《ぶんせき》していきます。ここでは、単純なデータ観察で見抜ける「ダメな議論」の例を見てみましょう。

（二〇〇六年刊）

＊　＊　＊

【チェックポイント：単純なデータ観察で否定されないか】

まずは、もっとも単純なチェックポイントです。ある主張が、単純なデータ観察と矛盾《むじゅん》しているならば、それはまず間違いだと考えていいでしょう。これは、「人間は皮膚呼吸《ひふこきゅう》している」「タラバガニは当然カニの一種だ」といった、事実・知識に関する誤解に近いタイプの誤りです。

その好例《こうれい》が、近年の治安状況《ちあんじょうきょう》に関する認識《にんしき》です。「昔に比べて、少年の殺人や放火が増えている」という主張は事実誤認《ごにん》です。図2-1に示すように、少年による殺人は昭和期に比べて大幅《おおはば》に減少しています[1]。少年(14歳から19歳)人口当たりに直してもこの傾向《けいこう》は変わりません。少年人口1万人当たりの殺人は1960年に0・4とピークを迎《むか》え、近年では0・1を切る年も珍《めずら》しくありません。少年放火犯についても0・3人/万人(1971年)から0・13人/万人(2004年)へ、強姦《ごうかん》に至っては4・1人/万人(1958年)から0・2人/万人(2004年)とまさに激減しているのです。

このようなデータを踏《ふ》まえると、「近年、少年による殺人・放火は増加の一途《いっと》をたどっており、道徳教育の見直しが必要とされる」といった主張は妥当性《だとうせい》に乏《とぼ》しいということに気づきます。主張の重要な前提部分が事実誤認であるため、この主張は一から見直される必要があります。

もちろん、何のきっかけもなしにこのような事実誤認や誤解に基《もと》づく議論が流行することはありません。この種《しゅ》の根拠のない議論は

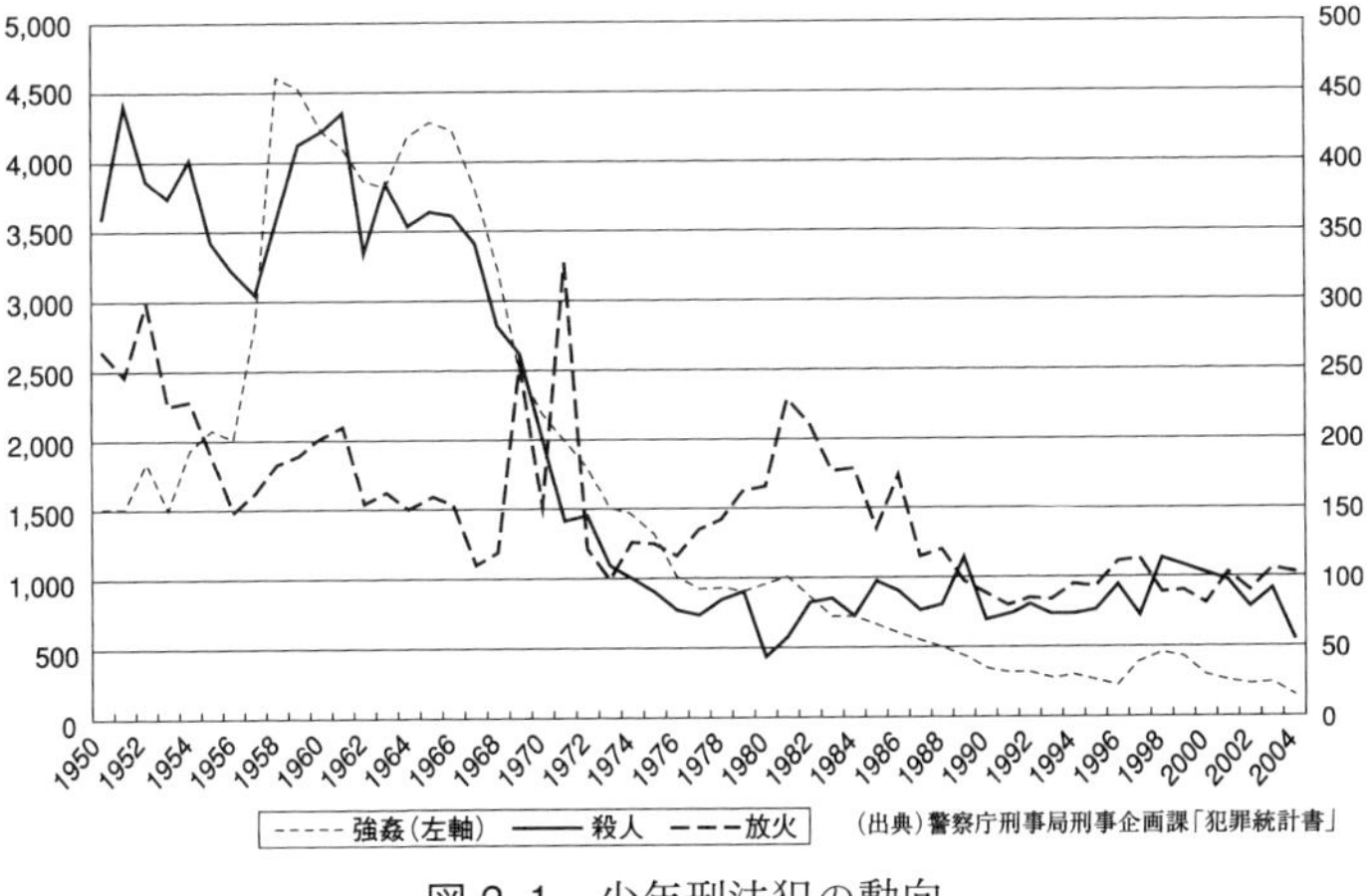

(出典)警察庁刑事局刑事企画課「犯罪統計書」

図2-1　少年刑法犯の動向

「何となく感じていること」「空気」を反映して組み立てられていきます。

　少年犯罪のケースでは、少年による猟★奇《りょうき》的な殺人事件がワイドショーなどで大きく取り上げられ、その結果としてあたかも同種の事件が頻発《ひんぱつ》しているかのようなイメージが生まれたと考えられます。しかし、落ち着いて考えてみると、少年による犯罪が珍《めずら》しいものであるからこそ、大きなニュースとして取り上げられるのです。珍しくも何ともない事件について詳細《しょうさい》な報道を行うワイドショーを見たいと思う視《し》聴者《ちょうしゃ》は少ないでしょう。内藤朝雄《ないとうあさお》氏は1948年に起きた中学生による愉★快犯《ゆかいはん》的な殺人の報道を例に、少年犯罪多発期には新聞での取り扱《あつか》いが非常に小さい（同日に発覚した高校野球の八★百長《やおちょう》事件などの方が大きく取り扱われていた）ことを指摘《してき》しています[2]。

　このように、自分の気分にかない、何となくそんなイメージだという理由で、ある主張に納得しかけたとき、まず行うべきなのは関連データの収集と検討です。データ収集というとずいぶん手間《てま》のかかる作業で、本書の目指す「手軽《てがる》な判断法」とはなじまないと感じるかもしれません。確かに10年前ならばその通りでしょう。しかし、現在ではこの種の情報収集コストは大幅《おおはば》に低下しています。官庁や業界団体が発表する統計のほとんどはweb上で収集できますし、図表化され解説がつけられているケースも少なくありません。そして、どのデータを探せばよいか分からない場合には、大まかな質問事項《じこう》を入力して検索《けんさく》をすることで、かなりの情報が収集できます。マスコミによる報道等で非常に評判の悪い掲示板《けいじばん》（その代表が★2ちゃん

★猟奇　異常なものに興味をもってそれを求めること。

★愉快犯　人々や社会を騒《さわ》がせ注目を浴びることによって快感を得ようとする犯罪。また、その犯人。

★八百長　事前に一方が負ける約束をして勝負すること。

★2ちゃんねる　日本で最大規模の電子掲示板サイト。

ねるでしょう）についても、使い方次第でかなり有用な情報が得られるようになってきています。

例えば、「日本のタバコ価格のほとんどは税金で、税金を吸っているようなものだ」という話があります。これを確かめるにはどうしたらよいでしょうか？　代表的な検索エンジンであるGoogleで「タバコ　価格　税金」で検索しましょう。本書執筆《しっぴつ》時に最初に表示されるのは「タバコ税の「真実」を知って下さい。」というタイトルのサイトです。[3] このサイトには、タバコの小売価格《こうりかかく》に占《し》める税金の割合が国別一覧の形で掲載《けいさい》されています。すると、日本のタバコ価格に占める税金の割合（約60％）は、他の先進国に比べると比較《ひかく》的低いということが分かります。さらに、タバコそのものの価格も、円換算《えんかんさん》するとイギリスの3分の1以下、ドイツの約2分の1で、日本はタバコが比較的安いことも分かります。

なおｗｅｂ検索を利用するコツは、代表的な検索エンジン2つほどで、キーワードを3つに絞《しぼ》った検索をし、自分の興味関心に近いと思われるタイトルのページをつまみ食いしていくことです。また、ｗｅｂ上の情報には無責任で不正確なものも多いため、必ず複数のソースを確認するようにしましょう。このような作業は、せいぜい20分ほどですみます。テレビのニュース解説番組1本分の時間でちょっと検索すれば、解説番組以上の情報を仕入れることができるのです。

社会問題に関する言説《げんせつ》は、「１００％正しい」または「１００％誤りである」と言いきれるものは多くありません。しかし、数値データによってその正否《せいひ》が確かめられるものについては、完全に誤りであると言いきれるものが少なくないのも事実です。

（１） 殺人の検挙率《けんきょりつ》は極めて高いため、「逮捕《たいほ》されない少年犯が増えた」という議論も成立しにくいでしょう。一方、強盗《ごうとう》に関しては、少年・成人ともに９０年代半ばより大幅《おおはば》に増加し、２０００年代に入り大幅に減少したことが分かっています。このような短期での変化は、犯罪動向そのものよりも検挙方針の変化などの制度的要因の影響《えいきょう》が強いのではないかと考えられます。少年犯罪の変化については、『反社会学講座』（パオロ・マッツァリーノ、イースト・プレス、２００４年）、原田泰《はらだやすし》氏によるNIKKEI Biz Plus「経済学で考える」（http://bizplus.nikkei.co.jp/colm/）などでクリアな説明が与えられています。

（２） 『「ニート」って言うな！』（本田由紀《ほんだゆき》・内藤朝雄《ないとうあさお》・後藤和智《ごとうかずとも》、光文社《こうぶんしゃ》新書、２００６年、第２部）

（３） http://www.nosmoke55.jp/signature/ Googleのランキング・ルールは公開されていないため、現在では違うページが第一候補《こうほ》として検索《けんさく》されると思われます。

考えてみよう

１ この文章を読む前、日本での少年による犯罪についてのあなたの印象は次のa～cのどれに一番近かったでしょうか。一つ選び、そう考えた根拠《こんきょ》も挙げてください。

a 青少年による重大な事件が増えてきている。

b　青少年による重大な事件はあまり変化していない。
c　青少年による重大な事件は減ってきている。

2　少年による凶悪《きょうあく》事件が増えたという誤解はマス・メディアの報道の影響だと述べられています。この意見に対してどう思いますか。

3　これまで何となくそんなイメージだという理由で納得してきたことがありますか。あるとしたら、それはどんなことでしょう。また、なぜ、どういうことからそのようなイメージを持ったのか考えてみましょう。

さらに読んでみよう

●──『論理トレーニング』 **野矢茂樹《のやしげき》** 〈産業図書《さんぎょうとしょ》〉

著者は、「論理」とは言葉が相互《そうご》にもっている関連性であり、「論理的になる」とはその関連性に敏感《びんかん》になり、言葉を大きなまとまりで見通す力を身につけることであると述べています。そして、「論理的になる」トレーニングのための教科書としてこの本を出版しました。(一九九七年刊、新版二〇〇六年)

●──『知的複眼《ふくがん》思考法──誰《だれ》でも持っている創造力のスイッチ』 **苅谷剛彦《かりやたけひこ》** 〈講談社《こうだんしゃ》＋α文庫〉

この本では「ありきたりの常識や紋切《もんき》り型の考えにとらわれずに考えていく方法」を「知的複眼思考」と名付けています。「複眼思考」を行うためには、情報を正確に読みとる力、ものごとの筋道《すじみち》を追う力、受け取った情報をもとに自分の論理をきちんと組み立てられる力が必要です。どうしたらそうした力が身につくのか、分かりやすく説明しています。(二〇〇二年刊)

●――『議論のレッスン』　福澤一吉《ふくざわかずよし》　〈ＮＨＫ出版生活人新書〉

会議、新聞記事、国会での質疑応答《しつぎおうとう》などの議論の構造について、実例を挙げながら分析《ぶんせき》が行われています。著者は、議論を構成する「主張」と「根拠《こんきょ》」に加え、主張と根拠を結びつける「隠《かく》れた根拠（＝論拠）」に注目し、議論の妥当性《だとうせい》を検証していきます。後半には、新聞の社説を分析的に読んで書き換《か》えるという練習問題もついています。（二〇〇二年刊）

●——統計

『統計数字を疑う——なぜ実感とズレるのか?』門倉貴史〈光文社新書〉

統計《とうけい》は、私たちが社会の動きを知る上で大変便利なものですが、統計を正確に理解するためには、それぞれの統計の「クセ」や性格《せいかく》を知っておかなければなりません。この本では、統計を有効に利用するためにはどのような点に注意する必要があるか、さまざまな実例を挙げて説明しています。ここで取り上げるのはこの本の「まえがき」部分です。ここでは「交通事故死者数の減少」の謎《なぞ》を例に、統計をクリティカルに読みとる必要性が分かりやすく説明されています。(二〇〇六年刊)

門倉貴史《かどくらたかし》 一九七一年生まれ。エコノミスト。BRICs経済研究所代表。著書に『BRICs新興《しんこう》する大国と日本』『本当は嘘《うそ》つきな統計数字』など。

＊　＊　＊

まえがき——死んでも死者にはならない、交通事故死亡者数の怪《かい》

唐突《とうとつ》で恐縮《きょうしゅく》だが、読者に次のような質問をぶつけてみたい。

近年、交通事故による死亡者数が急減《きゅうげん》しているのはなぜか？　次の四つの選択肢《せんたくし》から選んで下さい。

①エアバッグ★やアンチロックブレーキシステム★が標準装備《ひょうじゅんそうび》されるなど車の安全性が向上したから

②ガードレールをはじめ各種の道路インフラ★が整備されるようになったから

③体を鋼鉄のように鍛《きた》え上げている人が増えたから

④統計の作成方法に起因《きいん》するみせかけの現象《げんしょう》

さて、みなさんはどの選択肢を選んだであろうか？

交通事故による死亡者数の減少は複合的な要因によるものなので、①、②、④いずれも正解といえるが（ただし、③は明らかな不正解。③を選んだ人はいないですよね）、あえてこのなかからひとつの選択肢を選ぶのであれば、一番大きな原因は「④統計の作成方法に起因するみせかけの現象」である。

「キキーッ」「ガッシャーン！」今夜もどこかで自動車事故が発生したようだ……。

毎年、年末になると交通事故による死亡者の総数がテレビのニュースなどで発表されるが、九〇年代以降、交通事故による死亡者数は急激《きゅうげき》に減少《げんしょう》するようになった。

警察庁《けいさつちょう》が発表した「平成一七年中の交通事故死亡者数について」によると、二〇〇五年の交通事故死亡者数は、前年比六・六％減の六八七一人となった。九五年は一万六七九人であったから、死亡者数は、一〇年間で四割弱《わりじゃく》減った計算だ（図１）。

★エアバッグ　air bag（英語）　衝突《しょうとつ》時に瞬間《しゅんかん》的にふくらみ、衝撃をやわらげる空気袋。

★アンチロックブレーキシステム　ABS（英語）　Antilock Brake System:　車の急ブレーキをかけたときにタイヤが滑《すべ》ることを防ぐシステム。

★インフラ　インフラストラクチャー（英語の infrastructure）の略。道路、鉄道、港、学校など産業や生活の基盤《きばん》となる構造物。

一般《いっぱん》には、死亡事故の減少には、車の安全性の向上、道路整備の進展などが大きく影響《えいきょう》しているといわれる。

しかし、本当にそれだけの理由で死亡者数はこんなにも減少するものだろうか？統計の作成方法にまで遡《さかのぼ》って調べてみると、別の理由が浮かび上がってくる。

実は、警察庁の定義による交通事故死亡者数は、事故が発生してから二四時間以内に死亡したケースのみをカウントしている。二四時間を一秒でも超《こ》えて死亡した場合には、定義上、負傷者《ふしょうしゃ》のなかに含《ふく》まれてしまうのだ。

つまり、実際には、交通事故が原因で死亡した人でも、とりあえず二四時間以上生きていれば、その後に死んでも交通事故死亡者にはならない（警察庁は、九三年以降、事故が発生してから三〇日以内に死亡した人の数も参考値《ち》として発表するようになった）。

厚生労働省の発表する「人口動態《どうたい》統計」に出てくる交通事故の死亡者数と比べると、その数字にはかなりの乖離《かいり》が生じている。

厚生労働省の定義による交通事故の死亡者数は、事故発生から死亡までの時間にかかわらず、一年のうちに交通事故を起こして死亡した人をカウントしている。その死亡者数は二〇〇五年で九九七〇人と、警察庁が発表した人数（六八七一人）に比べて四五％も多くなっているのだ。

救急医療《いりょう》の著しい技術進歩によって少しでも延命《えんめい》が可能になれ

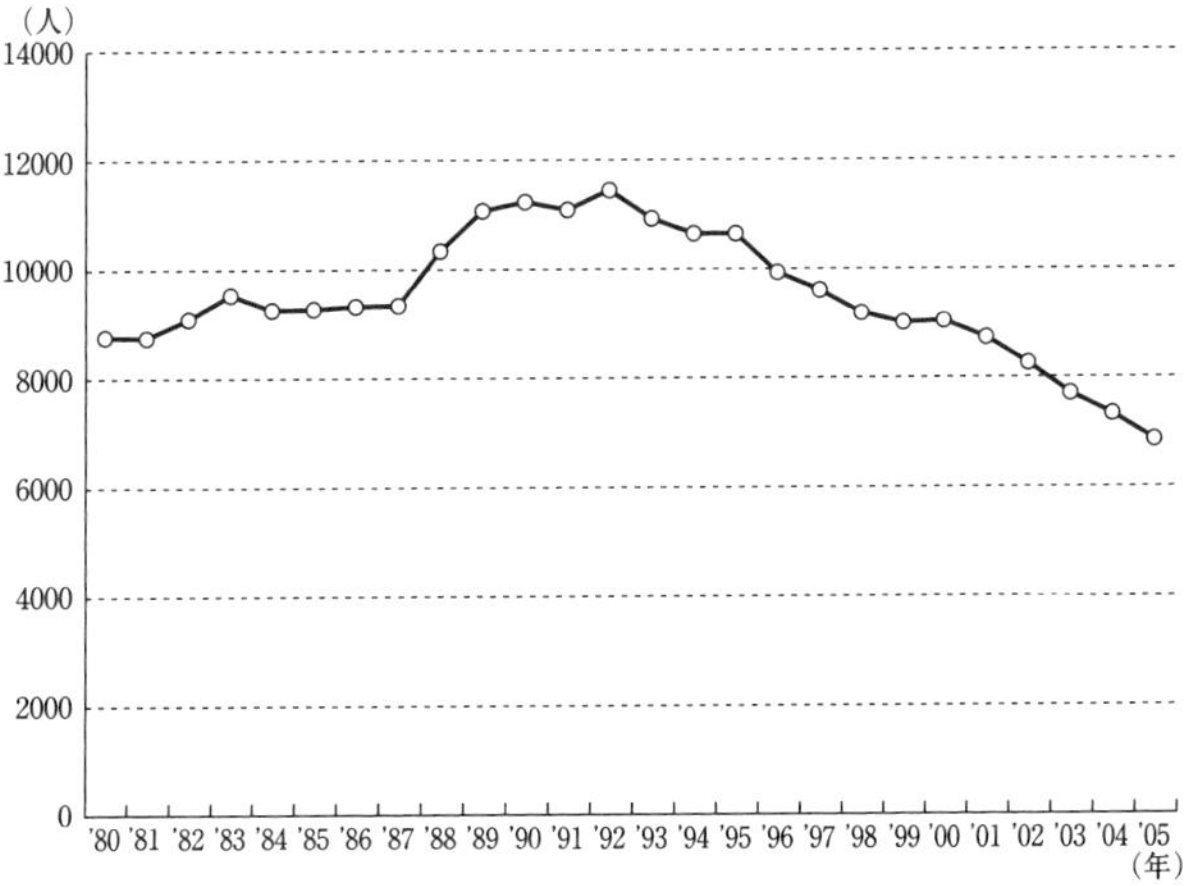

(出所）警察庁資料

図1　交通事故死亡者数の推移

ば、最終的には死亡しても、統計上の交通事故死亡者数は大きく減るということだ。

　このように、統計数字の意味を解釈《かいしゃく》する場合、ニュースから流れてくる数字をただ見たり聞いたりしているだけでは、真実がみえてこないことがある。

　政府や民間の調査会社など様々な機関が発表する統計は、私たちが経済や社会の動きを数字で把握《はあく》するのに、とても便利なものである。

　しかし、世の中に氾濫《はんらん》するたくさんの統計を正確に読みこなすことは容易《ようい》ではない。「積極的な人」、「大人《おとな》しい人」、「怒《おこ》りやすい人」、「泣きやすい人」、「せっかちな人」、「のんきな人」など、人間一人一人が独特の性格や行動パターンを持っているのと同じように、ひとつひとつの統計も、「★上振《うわぶ》れしやすい統計」、「下振れしやすい統計」、「変動の大きい統計」、「変動の小さい統計」など、独特のクセや動きのパターンを持っているのだ。

　その統計のクセやパターンについてある程度の知識がないと、本当の意味で統計数字を読みこなしたということにはならない。

　極端《きょくたん》な話、現実の世界で何か大きな変化が起きていて、統計はそのシグナルを送り続けているのに、私たちがその統計の性格をよく知らないでいるがために、シグナルを見逃《みのが》してしまうということにもなりかねない。

　統計は私たちにただひとつの数字を示すが、その数字の解釈の仕方は何通りもある。間違った解釈をしないためには、どうしてもその統計の生《お》い立ちや過去の動き

★上振れ　数値や指標などが想定したものよりも上がること。下振れはその逆。

を知っておかなければならない。

筆者自身も、エコノミストとして経済統計をみるにあたって、統計のクセやパターンをよく検討《けんとう》したうえで、数字をどう解釈すればいいか考えるように心がけている。

また、各種の統計は一定のルールに基づいて作成されているので、そのルールの縛《しば》りによって、ときに統計が示す数字が私たちの実感からズレてしまうこともある。統計数字が意図せずにウソをつくことがあるということだ。統計数字と実感のズレは頻繁《ひんぱん》に起こるものではないが、私たちが現実の世界を正確に把握《はあく》するためには、柔軟《じゅうなん》な発想と鋭《するど》い推理で統計のウソを見抜く必要がある。

そこで本書では、普段《ふだん》私たちが目にする様々な経済・社会統計を紹介しながら、統計の裏側に隠《かく》れて浮かび上がってこない真実を明らかにしていきたい。

すでに統計に関する解説書はたくさん出ていて、読者は書店でどの解説書を選べばいいか迷うほどだが、本書は、これまであまり顧《かえり》みられることのなかった各種の統計が持つクセやパターン、実感と数字にズレが生じる理由、統計や経済効果のウソを明らかにすることに主眼を置いているという点で、類書《るいしょ》とは★一線《いっせん》を画《かく》する。

読者は、具体的な事例を読み進めていくなかで、「平均」や「統計のバイアス（歪《ゆが》みや偏《かたよ》り）」、「みせかけの相関《そうかん》」など基本的な統計リテラシー（読解能力）、統計センスが自然と身についていくだろう。

★一線を画する　物事にははっきりと区別がつく。また、区切りをつける。

考えてみよう

1　著者は、「交通事故死亡者の減少」のデータを見るときに、どんな点に注意しなければならないと述べていますか。

2　警察《けいさつ》庁と厚生労働省では、「交通事故の死亡者」の定義にどのような違いがありますか。また、定義の違いはデータにどのように影響《えいきょう》しますか。

3　ここに取り上げた文章は、「まえがき」の一部です。本の「まえがき」には一般《いっぱん》的に次のa～dのような内容が書かれますが、ここでは、この四つの項目《こうもく》のうちのどれが書かれているでしょうか。

a　この本のテーマや目的

b　この本の特徴《とくちょう》、同じテーマの他の本との違い

c　この本の構成《こうせい》、それぞれの章の内容

d　この本の読み方、読者へのアドバイス

さらに読んでみよう

●――『統計《とうけい》でウソをつく法――数式《すうしき》を使わない統計学入門』　ダレル・ハフ著　高木秀玄《たかぎしゅうげん》訳〈講談社《こうだんしゃ》ブルーバックス〉

統計は、数字の持つ魔力《まりょく》によって人に訴《うった》える力が強い半面、物事を誇張《こちょう》したり、極端《きょくたん》に単純化したり、大切な問題から目をそらせたりする危険性を持っています。「だます方法を知ること」によって、統計のウソを見抜く力がつきます。四十年以上前に出版された本ですが、今の時代にも十分に通用する内容です。楽しいイラストとユーモアあふれた文章で楽しく読めます。（一九六八年刊）

●——『本当は嘘つきな統計数字』 門倉貴史《かどくらたかし》 〈幻冬舎《げんとうしゃ》新書〉

私たちが日頃《ひごろ》目にする統計の中には、協力者の選び方で結果が逆になったり、ある結論に導くために操作が加えられているような統計があります。「いじめ件数の変化」「神社の初詣《はつもうで》客の数」「クールビズの経済効果」など、身近な話題を例に「統計の嘘」を明らかにしています。統計の方法を知らず数字だけで判断するのは大変危険なことだということがわかります。（二〇一〇年刊）

●——『データはウソをつく——科学的な社会調査の方法』 谷岡一郎《たにおかいちろう》 〈ちくまプリマー新書〉

社会科学においてデータをもとに事実が認定《にんてい》されるまでのプロセスと、マスコミによって事実がねじ曲げられていく過程を対比したうえで、「カフェインと心臓の健康度の関係」をテーマに、社会科学的手法に基づくデータの収集・分析《ぶんせき》の手順や方法を分かりやすく示しています。いしいひさいちの四コマ漫《まん》画《が》が、筆者の主張のポイントとうまく結びついていて効果的です。（二〇〇七年刊）

●――メディア

『街場のメディア論』

内田樹〈光文社新書〉

内田樹《うちだたつる》　一九五〇年生まれ。思想家。専門はフランス現代思想、映画論、武道《ぶどう》論。著書に『私家版・ユダヤ文化論』『日本辺境論』など。

新聞やテレビなどの既成《きせい》のメディアは今後危機的状況《じょうきょう》に陥《おちい》ると予測されています。その中でメディアは生き延《の》びることができるでしょうか。著者はその分かれ目は、メディアの側がコミュニケーションの本質について理解しているかどうかだと述べています。そして、これはメディアに関わる人々だけではなく、インターネット時代に生きるすべての人々が考えなければならない課題だと指摘《してき》しています。ここでは近年問題になっている「メディアの暴走」について論じている部分を取り上げます。（二〇一〇年刊）

＊　＊　＊

数年前に、メディアが凄《すさ》まじい医療《いりょう》機関バッシング★を展開した医療事故事件報道がありました。そのときの「世論」の形成について、★小松《こまつ》先生はこう書いています。

★バッシング　bashing（英語）厳しく非難すること。

「記者が、責任の明らかでない言説《げんせつ》を反復《はんぷく》しているうちに、マスコミ通念が形成される。これが『世論』として金科玉条《きんかぎょくじょう》になる。この段階で反対意見をだそうとしても、メディアは取り上げようとしない。（……）記者は詳しく調査することも、反対意見を吟味《ぎんみ》することもなく、また反対意見が存在することを示すことすらせず、同じような報道を繰《く》り返す。

これは暴走といってよいと思う。なぜ『暴走』かというと、しつこいようだが、この過程に個人の責任と理性の関与《かんよ》、すなわち、自立した個人による制御《せいぎょ》が及《およ》んでいないからである。」*

このときの洪水《こうずい》的な医療機関バッシング報道には、「私が最終的にこの報道の責任を負《お》う」と言う個人がどこにもいませんでした。記者たちは先行する誰《だれ》かの記事を参照して記事を書き、その参照された元の記事もまた、それに先行する類似《るいじ》の記事の文体や「切り口」を参照して書かれていました。そういう無限参照《むげんさんしょう》の中で、「定型」は形成されます。

これはほんとうにそうだと思います。僕のところにも、よく取材が来ますけれど、取材しに来るライターたちのうちで、「私は個人的にこういうことを見聞《けんぶん》したのですが、先生はどうお考えになりますか？」というふうに疑問を向ける人はまずいません。彼ら彼女らはほぼ例外なく、「……と世間では言われていますけれど、先生はどうお考えになりますか」と訊《き》いてくる。

週刊誌《しゅうかんし》や月刊誌の記者の場合だと、他社の誌面をその「世間」の証拠《しょうこ》に示すこと

★小松先生　小松秀樹《ひでき》。一九四九年生まれ。臨床《りんしょう》医の立場から、日本の医療問題に関して積極的に発言している。

★金科玉条　大切に守らなければならない規則。絶対的なよりどころとなるもの。

さえあります。他社の雑誌記事を示して、「世間ではこんなことが起きているらしいですが……」と、僕のコメントを取りに来る。具体的現実そのものではなく、「報道されているもの」を平気で第一次資料として取り出してくる。僕はこれがメディアの暴走の基本構造だと思います。

＊小松秀樹『医療崩壊《いりょうほうかい》』朝日新聞社、二〇〇六年、六二頁（強調は内田）

暴走《ぼうそう》するメディアがメディア自身を殺す

メディアの「暴走」というのは、別にとりわけ邪悪《じゃあく》なジャーナリストがいるとか、悪辣《あくらつ》なデマゴーグ★にメディアが翻弄《ほんろう》されているとかいうことではありません。そこで語られることについて、最終的な責任を引き受ける生身《なまみ》の個人がいない、「自立した個人による制御《せいぎょ》が及《およ》んでいない」ことの帰結《きけつ》だと僕は思います。

「どうしてもこれだけは言っておきたい」という言葉は決して「暴走」したりはしません。暴走したくても、自分の生身の身体を「担保《たんぽ》★」に差し出しているから、制御がかかってしまう。真に個人的な言葉には制御がかかる。だって、外圧で潰《つぶ》されてしまったら、あるいは耳障《みみざわ》りだからというので聴《き》く人が耳を塞《ふさ》いでしまったら、もうその言葉はどこにも届かないからです。

だから、ほんとうに「どうしても言っておきたいことがある」という人は、言葉を選ぶ。情理を尽《つ》くして賛同者《さんどうしゃ》を集めない限り、それを理解し、共感し、同意して

★デマゴーグ　demagog（ドイツ語）　民衆を扇動《せんどう》する者の意味。

★担保　将来生じるかもしれない不利益に対して、その補いとなるもの。自分の身体を「担保」に差し出すとは、自分の行動によって生じる問題については、自分が責任を持って受け止めるということを意味する。

くれる人はまだいないからです。当然ですね。自分がいなくても、自分が黙《だま》っても、誰《だれ》かが自分の代わりに言ってくれるあてがあるなら、それは定義上「自分はどうしてもこれだけは言っておきたい言葉」ではない。「真に個人的な言葉」というのは、ここで語る機会を逸《いっ》したら、ここで聞き届けられる機会を逸したら、もう誰にも届かず、空中に消えてしまう言葉のことです。そのような言葉だけが語るに値《あたい》する、聴《き》くに値する言葉だと僕は思います。

逆から言えば、仮に自分が口を噤《つぐ》んでも、同じことを言う人間がいくらでもいる言葉については、人は語るに際して、それほど情《じょう》理を尽くす必要がないということになる。言い方を誤っても、論理が破綻《はたん》しても、言葉づかいが汚《きたな》くても、どうせ誰かが同じようなことを言ってくれる言葉であれば、そんなことを気にする必要はない。「暴走する言説《げんせつ》」というのは、そのような「誰でも言いそうな言葉」のことです。

ネット上に氾濫《はんらん》する口汚《くちぎたな》い罵倒《ばとう》の言葉はその典型です。僕はそういう剣呑《けんのん》★なところにはできるだけ足を踏《ふ》み入れないようにしているのですけれど、たまに調べ物の関係で、不用意に入り込んでしまうことがあります。そこで行き交《か》う言葉の特徴《とくちょう》は、「個体識別できない」ということです。「名無《なな》し」というのが、2ちゃんねる★でよく用いられる名乗りですけど、これは「固有名を持たない人間」という意味です。ですから、「名無し」が語っている言葉とは「その発言に最終的に責任を取る個人がいない言葉」ということになる。

★剣呑　あぶないようす。不安を感じるようす。

★2ちゃんねる　日本で最大規模《きぼ》の電子掲示板《けいじばん》サイト。

僕はそれはたいへん危険なことだと思います。攻撃的《こうげき》な言葉が標的《ひょうてき》にされた人を傷《きず》つけるからだけではなく、そのような言葉は、発信している人自身を損《そこ》なうからです。だって、その人は「私が存在しなくなって誰《だれ》も困らない」ということを堂々と公言しているからです。「私は個体識別できない人間であり、いくらでも代替者《だいたいしゃ》がいる人間である」というのは「だから、私は存在する必要のない人間である」という結論をコロラリー★として導いてしまう。

そのような名乗りを繰《く》り返しているうちに、その「呪《のろ》い」は弱い酸《さん》のようにその発信者の存在根拠《こんきょ》を溶《と》かしてゆきます。自分に向けた「呪い」の毒性《どくせい》を現代人はあまりに軽《かろ》んじていますけれど、そのような呪詛《じゅそ》を自分に向けているうちに、人間の生命力は確実に衰微《すいび》してゆくのです。「呪い」の力を侮《あなど》ってはいけません。

同じことがメディアの言葉についても言えると僕は思っています。メディアが急速に力を失っている理由は、決して巷間《こうかん》★伝えられているように、インターネットに取って代わられたからだけではないと僕は思います。そうではなくて、固有名と、血の通《かよ》った身体を持った個人の「どうしても言いたいこと」ではなく、「誰でも言いそうなこと」だけを選択的《せんたく》に語っているうちに、そのようなものなら存在しなくなっても誰も困らないという平明な事実に人々が気づいてしまった。そういうことではないかと思うのです。

★コロラリー　corollary（英語）当然の結果。数学の用語で一つの定理から直接に導かれることを指す。

★巷間　世間《せけん》。世の中。

考えてみよう

1　誰でも言いそうなことは暴走しやすいと述べられていますか。その理由はどのように説明されています。

2　著者によると、「メディアの危機」の最も大きな原因は何ですか。

3　あなたは「メディアの暴走《ぼうそう》」と言えるような現象について、聞いたり読んだりしたことがありますか。また最近のテレビや新聞の報道などについて、そのような危険性を感じたことがありますか。

さらに読んでみよう

●『メディア・リテラシー——世界の現場から』菅谷明子《すがやあきこ》〈岩波《いわなみ》新書〉

メディア・リテラシーとは、「メディアが形作《かたちづく》る「現実」を批判《ひはん》的（クリティカル）に読み取るとともに、メディアを使って表現していく能力」のことです。この本では、アメリカ、イギリス、カナダなどの教育現場での「メディア・リテラシー」の実践《じっせん》や、メディアを監視《かんし》する市民団体の活動などを詳しく報告しています。情報社会の今後を考えるヒントがたくさんあります。（二〇〇〇年刊）

●『社会の真実の見つけかた』堤未果《つつみみか》〈岩波ジュニア新書〉

アメリカでは九・一一以後、「テロとの戦い」が国の最優先事項《さいゆうせんじこう》となり、教育や福祉《ふくし》の予算が大幅《おおはば》に削《けず》られました。著者は、アメリカのメディアはテロに対する恐怖心《きょうふしん》を煽《あお》り、教育、医療《いりょう》などの社会的な問題から人々の目を反《そ》らす役割を果たしていると述べています。そうした状況《じょうきょう》を体験した著者が、日本の若い世代に向けて「情報を読み解く力」を身につけることの重要性を訴《うった》えています。（二〇一一年刊）

●──『ジャーナリズムの思想』 原寿雄《はらとしお》 〈岩波新書〉

共同通信社の記者として長年ジャーナリズムの世界で活動してきた著者が、新聞やテレビなどの現状やジャーナリズムのありかたについて書いた本です。「客観報道《きゃっかんほうどう》」であるニュースにもオピニオン（主観的意見《しゅかんてきいけん》）が含《ふく》まれる可能性が大きいと指摘《してき》し、ジャーナリストの仕事がきわめて主観的な作業であることにジャーナリストも読者ももっと注意を向けるべきだと述べています。（一九九七年刊）

●——ウェブ

『ダメ情報の見分けかた——メディアと幸福につきあうために』

荻上チキ
飯田泰之
鈴木謙介
〈NHK出版生活人新書〉

荻上《おぎうえ》チキ　一九八一年生まれ。評論家、編集者。社会学者・芹沢一也《せりざわかずや》とともに株式《かぶしき》会社シノドスを設立。著書に『ウェブ炎上《えんじょう》』『ネットいじめ』など（ここで取り上げるのは荻上チキが執筆した箇所《かしょ》である）。

情報化社会に生きる私たちには、情報を取捨選択《しゅしゃせんたく》する能力が必要です。この本では、メディア論・経済学・社会学の専門家が、それぞれの立場から、情報の賢《かしこ》い見分け方について論じています。インターネットでは★流言《りゅうげん》や★デマなどの問題が頻繁《ひんぱん》に起こりますが、著者はネットの現状をただ否定的にとらえるのではなく、メディアの特性を知り、より確からしい情報を獲得《かくとく》できるようにするための方策を考えようと呼びかけています。ここで取り上げるのは、ネットでのデマや流言が広がらないような環境をどう作るかについて書かれている部分です。（二〇一〇年刊）

＊　＊　＊

流言是正《ぜせい》の重要性

では、どうすればよいのか。メディア・リテラシーについて議論するためには、

★流言　根拠《こんきょ》のないうわさ。

★デマ　デマゴギー（ドイツ語のDemagogie）の略。政治的な目的で、意図的に流すう

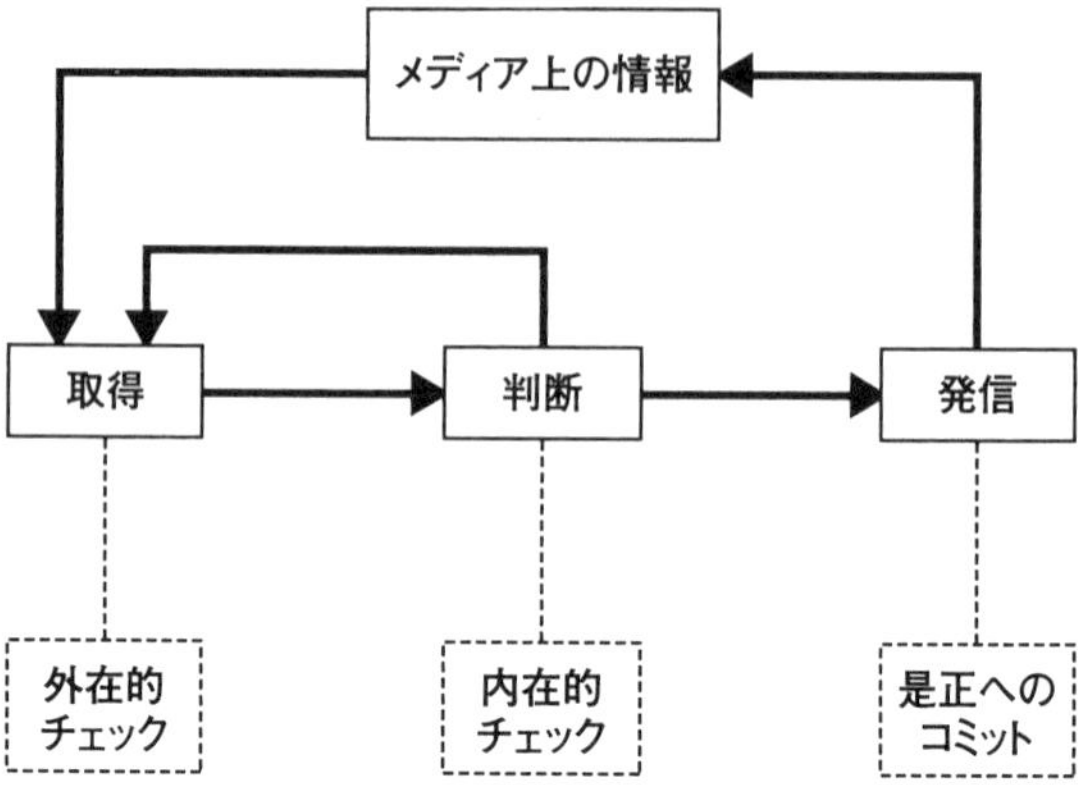

「取得《しゅとく》」「判断《はんだん》」「発信」の三つの段階に分けて考えると便利です。メディアから情報を取得する段階。その情報の性質を理解し、判断する段階。そして、その情報を自分が発信する段階です。確からしい情報を取得するためのリサーチ能力、その情報に矛盾《むじゅん》や取りこぼしがないかどうかを確認《かくにん》する検証《けんしょう》能力。リテラシーについて議論する場合、この二つに注目されることが多いのですが、ここでは三つめの「発信能力」の重要性について考えてみましょう。

うわさ、流言、デマの拡散《かくさん》には、その話題に興味を持つ「うわさ集団」の存在、そして積極《せっきょく》的にうわさを拡散することに喜びを見出す「うわさ屋」の存在が関わってきます。

一方、ウェブ上で広まった流言やデマが否定され、落ち着いていく時、しばしば見られる現象《げんしょう》があります。それは、その流言やデマに疑問を持った人々が、資料を集め、論理的に検証し、この話には疑わしい点があると注意を促《うなが》すことで、その情報の拡散に歯止《はど》めをかけたり、間違いを訂正《ていせい》するように促すという現象です。

つまり、流言に対して潜在《せんざい》的に関心を持っている「うわさ集団」、それを積極的に広げるオピニオンリーダーの「うわさ屋」が、流言《りゅうげん》の広がりにアクセルをかけるの

その情報や宣伝。根拠のないうわさ。

に対し、流言をそのまま★鵜呑《うの》みにせずに懐疑《かいぎ》を示す「懐疑集団」、そして疑問点を検証してオープンにしていく「検証屋」とも呼ぶべき存在が、流言にブレーキをかけ、代わりに「確からしい情報」を提示するために機能しているということです。ネットは流言やデマを広げる手助けもしてしまいますが、その拡散の仕方が見えやすく、訂正の情報も同じような仕方で広げることができます。ですから、それを利用して、流言を是正《ぜせい》するために注意深い作業を続ける人々の存在が、重要になるということです。

「検証屋」になる人は、その流言で取り上げられている話題についての知識を持っていたり、確認することのできる立場にいる、ごく一部の人だったりするため、誰《だれ》もがいつでも「検証屋」になることができるわけではありません。ケース7の「★鳩《はと》山由紀夫《やまゆきお》ニセアカウント」騒動《そうどう》の時のように、内閣広報官室《ないかくこうほうかんしつ》に確認のできる議員だからこそ、早期対応が可能になる場合もあるでしょう。専門家や研究者、報道関係者や当事者などでない限り、訂正しにくい流言というものも多くあります。

「メディアを巧《たく》みに使いこなす力」「メディアを疑う力」だけでは、「確からしい情報」を獲得《かくとく》し、広めようにも不十分です。どうしても、プラスアルファの専門知がないと、「こちらの方が正しい」という見比べをすることが難しい。残念ながら、多くの人にとっては、「専門知の★おこぼれにあずかる」ことしかできないのが現実ですから、例えば、対立する二人の専門家がいた場合、「どちらの論が確からしいか」ではなく、「どちらの人が信用できるか」といった判断材料が重視されるのは、避《さ》けよ

★鵜呑み　他人の言葉をよく理解せずに、そのまま受け入れること。

★「鳩山由紀夫ニセアカウント」騒動　鳩山首相（当時）のニセ者が、ツイッターに書き込みを続けていたという事件。

★おこぼれにあずかる　他人が得た利益のわずかな部分をもらうこと。

うがないことでしょう。

本来であればそういう時でも、安易《あんい》にアクションに繋《つな》げるのではなく、「判断保《はんだんほ》留《りゅう》」して、ブレーキをかけておくのがよいでしょう。「判断保留」は、「思考停止」するというのではありません。与えられた情報に対する内在的チェックを行いながら、「確からしい情報」が出てくるのを待ち、それまでは安易な行動を起こさないこと。新たに判断材料が出てきたら、それを元に再度、外在的チェックと内在的チェックを繰《く》り返すということです。

では、もしみなさんが流言について確認《かくにん》する術《すべ》を持ち、より「確からしい情報」を持っていたとしたら、どうすればいいでしょうか。流言《りゅうげん》が、「確からしい情報」が供給《きょうきゅう》されない曖昧《あいまい》な状況《じょうきょう》のもと、それらしい情報を創造して確からしさの欠如《けつじょ》が埋《う》め合わされるものだとは既《すで》に説明したとおり。だとしたら、「確からしい情報」を、分かりやすく丁寧《ていねい》に説明することで、流言が広がりにくい環境《かんきょう》を作ることが重要になってきます。

「欠如《けつじょ》モデル」の問題点

注意しなくてはならないのは、ただ単に、「確からしい情報」を提示しても、流言への歯止《はど》めにはならないことです。流言が受け入れられるのは、単に大衆が無知だからではありません。その流言を信じるに足《た》る状況や、それ相応の必要があってこそ、「その流言」が受け入れられたわけです。

科学コミュニケーションの用語に、「欠如モデル」という言葉があります。これは、大衆は科学に対する知識が欠如した、空っぽのコップのような存在なのだから、そこに科学者が科学的な知識を注いで埋《う》め合わせてやりさえすればよい、という考え方です。しかし、人々のコップは空っぽなのではなく、既に別の飲み物がなみなみと注がれていて、しかもそれを美味《おい》しいと思いながら味わっている。それに対して、勝手に飲み物を注ごうとしたり、「馬鹿《ばか》だな、こっちのほうが美味しいのに」と馬鹿にしてみても、科学者の持つ飲み物を受け取らないばかりか、逆に態度をかたくなにさせて、「傲慢《ごうまん》な専門家め！」「そんな飲み物、絶対に飲むものか！」と拒《こば》んでしまうかもしれません。

「欠如モデル」はしばしば、科学コミュニケーションの失敗例として用いられる言葉です。他人のリテラシーを低く見積もり過ぎることは、説得の可能性を狭《せば》めてしまうかもしれないし、逆にあなたが、「人々がメディアに騙《だま》されて馬鹿になる」といったような有害メディア論にとびつき、過剰《かじょう》な規制や強引《ごういん》な言論キャンペーンを求めてしまうかもしれない。そうではなく、既に存在している文脈《ぶんみゃく》を理解したうえで、それに適切に応答をし、コミットしていくタイプの説得が重要となるというわけです。

「事実」をフラット★に提示しさえすれば、それが広がるということはあり得ません。すでにある「確からしい情報」が選び取られず、流言やデマが受け入れられてしまっている状況について考えれば、「欠如モデル」批判が投げかける問題提起がよ

★フラット　flat（英語）平板なこと。単調であること。ここでは「事実」をそのまま示すこと。

く理解できるでしょう。どういう情報を信用し、どういう行動に気をつけるべきか。そうした、価値観《かちかん》や思想、解釈《かいしゃく》をめぐる政治もまた、論理や事実と同様に重要になってきます。

「流言《りゅうげん》やデマに騙《だま》されないほうがいい」というのも、「根拠《こんきょ》なき差別や暴力に歯止《はど》めをかけるべき」というのも、一つの思想のあり方であるがゆえに、常に誰《だれ》もが一《いっ》貫《かん》して支持するというわけではありません。「○○に対する流言なら同情しない」「○○に対する差別なら構わない」といったように、「事実」の外側の価値観と結びついてしまうがゆえに、流言やデマは拡散《かくさん》してしまう。流言との付き合い方は、「どのような社会を理想と思うか」といった思想と根強く関わってくるものです。突《つ》き詰《つ》めれば、メディアを通じた社会の成員同士の対話によって、事実や価値観をめぐる論議を繰《く》り返していくしかないというわけです。

ウェブ上で現在、リテラシーの競い合いをするかのようなムードも存在しています。騙された者を「情弱（情報弱者《じょうほうじゃくしゃ》）」と嘲笑《ちょうしょう》し、騙されなければそれだけで優位《ゆうい》に立っているかのようなムード。しかしできれば、もしその人が本当に「情報強者」であるのなら、ただ傍観《ぼうかん》しながら「弱者」を笑い飛ばすのではなく、弱者に寛容《かんよう》な環境《かんきょう》を作るという「持つ者の責務《せきむ》」を果たしてくれたほうが有意義《ゆういぎ》でしょう。いかに自分が「騙されない側か」という、無傷《むきず》さを競い合うレースになるのは、いかにも不毛《ふもう》です。

ウェブ上には、数々《かずかず》のまとめサイト★、検証サイトが存在します。流言を是正《ぜせい》でき

★まとめサイト　ある事件や話題についての情報を収集、編集したウェブサイト。

る良質なサイトもあれば、逆に流言を拡大再生産してしまうサイトもあります。流言の拡大と是正は、いつまでたってもいたちごっこ★でしょう。メディア・リテラシーをめぐる騒動に「特効薬」はなく、個別に検証していくしかない。それでも、流言やデマを放置せずに検証すること。拡散というアクションを安易《あんい》に行わないように注意すること。いまよりも流言が広がりにくい環境にすること。そのために、私たちは流言の歴史から多くのことを学ぶことができるはずです。

★いたちごっこ　両方が同じことを繰《く》り返すだけで意味がない状態のこと。

考えてみよう

1　インターネットで広がる流言やデマに対し私たちはどのように対応すべきだと述べられていますか。専門知識のある人の場合とそうでない人の場合とに分けて、著者の考えをまとめてみましょう。

2　科学コミュニケーションにおける「欠如《けつじょ》モデル」とは、簡単に言うとどのような考え方でしょうか。また、科学コミュニケーションにおける「欠如モデル」では流言を防ぐことはできないと述べられていますが、それはなぜでしょうか。著者の考えを読みとりましょう。

3　インターネットからの情報の長所と短所を、それぞれ二つずつ考えてください。短所として挙げた点については、この文章も参考にして問題を減らすための対策も考えてみましょう。

さらに読んでみよう

●──『ウェブ炎上《えんじょう》──ネット群衆《ぐんしゅう》の暴走《ぼうそう》と可能性』　荻上《おぎうえ》チキ　〈ちくま新書〉

「ウェブ炎上」とは、電子掲示板《けいじばん》などである人物への非難が集中し収拾《しゅうしゅう》が不可能になる事態《じたい》を表します。時には個人のプライバシーが脅《おびや》かされることもあります。著者はそのメカニズムを明らかにし、ネット上での集団行動が社会にどのような影響《えいきょう》をもたらすのか、また、私たちはそのような現象にどう対応したらよいのかを、具体的な例を挙げて検討しています。(二〇〇七年刊)

●——『グーグル・アマゾン化する社会』 **森健《もりけん》** 〈光文社新書〉

グーグルは世界中のウェブ情報を収集し、アマゾンは「地球最大の店舗《てんぽ》」として拡大を続けています。著者は、情報の多様化の中でなぜこのような一極集中《いっきょくしゅうちゅう》の現象《げんしょう》が起こっているのか、グーグルとアマゾンの成功にはどんな法則性があるのかを論じています。そして、このような一極集中が社会に与える影響《えいきょう》について検討が必要であると述べています。(二〇〇六年刊)

●——『キュレーションの時代——「つながり」の情報革命《かくめい》が始まる』 **佐々木俊尚《ささきとしなお》** 〈ちくま新書〉

ツイッター、フェイスブックなど、人と人のつながりを通して情報がやり取りされる時代になりました。インターネットの情報の海の中で新しい知識をどう獲得《かくとく》するかが問題になっています。博物館や美術館では学芸員(キュレーター curator)と呼ばれる人々が展示物の情報の価値を知らせています。著者は、ネットの世界でも、こうした「キュレーター」の役割を受け持つ人々が必要であると主張しています。(二〇一一年刊)

コラム5 読解力をのばす10のストラテジー

本の読み方は、本のタイプや読む目的によって異なります。例えば小説を読んでいるとき、私たちはストーリーの流れを追いながら、見慣れない語の意味を推測《すいそく》したり、情景や人物の心情を想像します。一方、社会的な問題についての議論やアカデミックな文章を読むときは、書かれたことを鵜呑《うの》みにせず、書き手との適切な距離《きょり》を保《たも》ちながら内容をよく吟味《ぎんみ》する必要があります。

次に挙げるのは、文章を正確にそしてクリティカルに読むための方法（読解ストラテジー）の一部です。さまざまなストラテジーを効果的に使って、著者との対話を深めてください。

1 **問いを立てて答えを探しながら読む** 読む前や読んでいるときに質問を作り、その答えを探しながら読む。

2 **関連づける** 自分の知識や経験や社会のさまざまな問題と結びつけながら読む。具体例を考えてみる。他の情報と比較《ひかく》しながら読む。

3 **推測する** 書かれていないことを推測したり、文章の続きを予測したりする。想像したことを図に描いてみる。

4 **重要な部分を取り出す** 文章の重要なところを探しながら読む。キーワードを取り出す。主張とその根拠《こんきょ》を区別して読みとる。

5 **文章の構造を考えながら読む** 各段落の役割に注意する。段落間の関係を図に表して、文章全体の構造を理解する。

6 **自分の言葉でまとめながら読む** 段落ごとに見出しをつけながら読む。キーワード同士のつながりを図に表す。自分の言葉で要約する。

7 **自分にとって大切なメッセージを見つける** 自分にとっての意味を考える。読む前と後で自分の認識《にんしき》がどう変わったか考える。

8 **クリティカルに読む** 著者の意図や想定している読み手について考える。著者が前提としていることについて考える。ステレオタイプの考え方や偏《かたよ》った見方がないか注意する。主張とその根拠《こんきょ》が論理的につながっているか考える。

9　情報やデータに注意する　情報やデータの出所《でどころ》や作成時期が明記されているか、データが適切に使われているかに注意する。

10　本の内容について他の人と話し合う　面白《おもしろ》いところ、疑問に感じたところ、意見などを他の人に伝える。それらについて他の人と話し合う。

参考　吉田新一郎《よしだしんいちろう》『「読む力」はこうしてつける』新評論《しんひょうろん》、二〇一〇年

考えてみようの解答例とヒント

詩　『百歳日記』　6頁

1～3　略

日本語　『世にも美しい日本語入門』　11～12頁

1

	語数
シェイクスピア	4万
森鷗外《もりおうがい》	数十万
中学生用国語辞典	5万
広辞苑《こうじえん》	23万

語の数

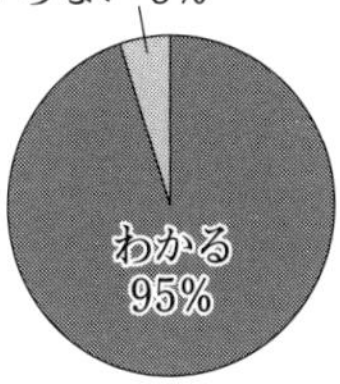

英語・フランス語・スペイン語

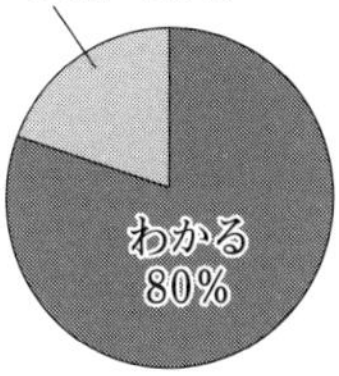

日本語

5000語でわかる割合

2　アイデンティティ――自分核、心的自立など
トラウマ――長期心傷、心部損傷など
アクセス――知往来、最適交通など
インフォームドコンセント――心真合意、納得共有など

3　略

数　『数に強くなる』　20頁

1～3　略

江戸文化　『江戸のセンス――職人の遊びと洒落心』　29頁

1　「い組」のまとい

（消防防災博物館ホームページ http://www.bousaihaku.com/cgi-bin/hp/index.cgi 「江戸～明治の火事・火消等を描《えが》いた絵」「町火消纏装束《まちひけしまといしょうぞく》の図」より）

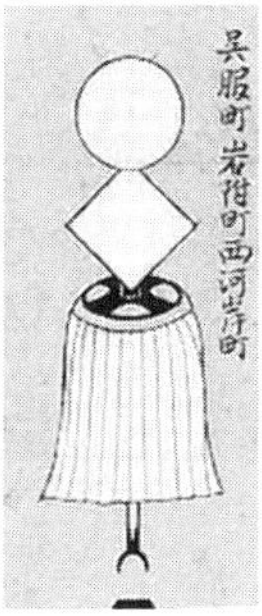

2　江戸《えど》のデザインは次のホームページで多く見ることができます。江戸東京博物館（http://www.edo-tokyo-museum.or.jp/）、深川江戸資料館（http://www.kcf.or.jp/fukagawa/）

3　略

人間　『理性の限界——不可能性・不確実性・不完全性』　36頁

1〜3　略

本　『ニッポンの書評』　46頁

1〜3　略

職人　『千年、働いてきました——老舗企業大国ニッポン』　54頁

1　作業員——電動バリカンで一匹《ぴき》ずつ毛を刈《か》るという重労働から解放される。／羊——電動バリカンで皮膚《ひふ》を傷《きず》つけられ、その傷がもとで感染症《かんせんしょう》で死ぬというような危険がなくなる。／経営者——羊毛の毛先が丸くて肌触《はだざわ》りがよくなるため、高値《たかね》で売れる。

2　この羊毛収穫《しゅうかく》法はもともとオーストラリアで開発されたものだが、そこで使われる上皮細胞成長因子《じょうひさいぼうせいちょういんし》（Epidermal Growth Factor, EGF）が高価なため実用化が難しかった。ヒゲタ醤油《しょうゆ》では、そのＥＧＦの効率的な生産方式を開発し、安く大量に供給《きょうきゅう》できるようにした。

3　略

神さま　『都市と日本人——「カミサマ」を旅する』　59〜60頁

1　略

2　「禍々《まがまが》しい」は「いまわしく、不吉な感じがする」という意味、「惨憺《さんたん》たる」とは「見るも無惨《むざん》な」という意味である。ビルの屋上が実用的な面でしかとらえられておらず、無秩序《むちつじょ》に設置された物によって、ビル全体の建物としての完成度や美しさが損《そこ》なわれているという見方。

3　略

生きる　『悪あがきのすすめ』　66〜67頁

1　略

2　クライアント企業《きぎょう》の男性たちは、コンパニオンの一般《いっぱん》的なイメージに合わせて、男性から見た好みの女性、つまりスタイルがよく美人であることなどを基準にした。それに対して著者は、本人にやる気があることを重視し、

また多様な客層に対応したさまざまなタイプの女性を選ぶべきだと考えた。

3　略

手話『手話の世界を訪ねよう』　73～74頁

1　二本の指はとがった松の葉を示し、それがちくちくと頬《ほほ》に触《ふ》れる様子を表す。

2　略

3　ジェスチャーは具体的な動きや物のようすをまねて表現するものだが、手話にはそれらとは直接関係がなく「恣意《しい》的」に作られた言葉も少なくない。／ジェスチャーは動作や形を一つずつ示すだけだが、手話には語順の規則(文法)や、表情の型があり、それらによってさまざまな文を作ることができる。／ジェスチャーには特別の知識は必要ないが、手話は一般《いっぱん》の言語と同じように、語彙《ごい》や語順のルールなどを学ばなければ使えないし、理解も難しい。

物語『物語の役割』　79～80頁

1　言葉を先に組み立てるのではなく、人物を丁寧《ていねい》に見つめ、そこで生まれるイメージを言葉にしていく。ある人物がどのように生きてきたのか、その過去を想像し、小さなことも大切に拾い上げて、その人生を紙の上に「再現」する。

2　長い人生から見れば、八十分は「一瞬《いっしゅん》」ではあるが、それは一回きりで終わってしまうものではなく、三人の間で何度も何度も繰《く》り返される。それは三人のうちのだれかがこの世から消えてしまわない限り、ずっと繰り返される。その意味では、「永遠」のものだとも言える。

3　略

俳句『俳句脳――発想、ひらめき、美意識』　86～87頁

1　略

2　茂木《もぎ》は、脳科学の立場から理由があることだとして、次のように説明している。人は普段《ふだん》は外からの情報の処理に忙《いそが》しいが、シャンプーをするときのように自分の体に触れている場合は、自分の内側に意識が行って、外から入る情報が遮断《しゃだん》される。そのため、普段意識していない自分自身の内側の声に注意が向くのである。

3　【ヒント】「花」は春の季語で、「桜の花」を指す。「冷

ゆ」は「冷える」の文語形。／「木枯《こが》らし」は冬の季語で、秋から初冬にかけて吹く、強く冷たい風。

原発　『新版　原発を考える50話』　98頁

1　五〇万年間を一日とすると、石油を使うようになったのは二四時の約二六秒前、原子力を使うようになったのは、約九秒前ということになる。同様に、プルトニウムの放射能が半減する時刻を算定すると、翌日の午前一時九分になる。

2　原発《げんぱつ》建設のメリット――固定資産《こていしさん》税、国からの交付《こうふ》金、電力会社からの寄付金・補償《ほしょう》金などが地方自治体や住民に支払《しはら》われる。／原発建設、運転等による雇用《こよう》が促進《そくしん》される。／原発関係雇用者用のサービス産業、小売産業の需要が増える。／電気料金が割引になる、など。

原発建設のデメリット――建設の賛否をめぐって地域が分裂《ぶんれつ》してしまう。／事故によって放射能汚染《おせん》をうける危険性がある。／温排水《はいすい》のために、漁業ができなくなる海域がでてくる。／原発による収入に頼《たよ》った地域財政になってしまう、など。

3　略

地方　『下流同盟――格差社会とファスト風土』　106頁

1　スーパー・家電などの大型チェーン店、ファストフード・ファミリーレストランなどのチェーン店、コンビニ、コインパーキングなど。

2　チェーン店であって、地場産業ではないこと／建物の形態、インテリア、レイアウト、提供商品、接客態度などのすべてがマニュアル化していて、均一であること／営業時間が長いこと／非正規雇用《ひせいきこよう》者の割合が高いこと／利益があがらないと撤退《てったい》してしまうこと、など。

3　略

雇用　『日本の基本問題を考えてみよう』　114〜115頁

1　略

2

	よい点	悪い点
働く人	・働く時間帯、期間を自由に選べる。 ・愛社精神を求められない。 ・いろいろな職種を経験できる。	・雇用が不安定（契約期間後に再雇用される保障がない）。 ・給与水準が低い。 ・退職金、ボーナス等がない。 ・職能向上、昇進等のキャリア形成ができない。 ・社会保険、雇用保険が受けられないケースが多い。
雇う人	・人件費を減らせる。 ・仕事の必要量に応じて、労働力を調整できる。 ・社会保険や雇用保険費用を削減できる。 ・社員の研修費を減らせる。	・非正規社員は会社に対する忠誠度や責任感が低い。 ・正規社員が習熟しない業務ができる。

3 略

若者『希望のつくり方』 121頁

1 【ヒント】釜石市では、東日本大震災《だいしんさい》で1200人を超《こ》す死者と行方不明者を出しましたが、3千人近い小中学生のほとんどが無事に避難《ひなん》しました。その背景には、古くから津波《つなみ》に苦しめられてきた三陸《さんりく》地方の言い伝え「津波てんでんこ」（「てんでんばらばらに」の意味。自分の責任と判断で早く高台《たかだい》に逃げろ、という教えです）に基《もと》づいた防災教育があったとのことです。

2 【ヒント】「希望学」のホームページ（http://projet.iss.u-tokyo.ac.jp/hope/）や、『希望学』（全4巻、東京大学出版会）をのぞいてみましょう。希望の思想研究、希望を持つ人と持たない人の違いの全国調査による検証、岩手県釜石市を対象とした包括《ほうかつ》的な地域調査、希望を仕事、生活、家族、子ども、女性などのキーワードと関連づけた調査研究、希望の考え方とあり方についての国際比較《ひかく》研究などが展開されています。

3 略

農業『農は過去と未来をつなぐ——田んぼから考えたこと』 129頁

1 「田づくり」「実がなる」「実がつく」「（作物の）できがよい（悪い）」「出来高《できだか》」「自然（天地）の恵《めぐ》み」など。

2　農業機械（田植え機、耕作機、農薬頒布《はんぷ》機、草刈《か》り機、刈《か》り入れ機、脱穀《だっこく》機、乾燥《かんそう》機など）、ビニールハウス、軽トラックなど。

3　略

国家　『あいまいな日本の私』　136頁

1　「ひたすら西欧《せいおう》にならおう」とするが、「日本の伝統的な文化は確乎《かっこ》として守る」（「和魂洋才《わこんようさい》（日本の精神と西欧の知識・技術の両立）」）という姿勢。西欧に侵略《しんりゃく》される危機意識をもちながら、アジア諸国を侵略するという歴史過程。

2　「敗戦後の民主主義と不戦の誓《ちか》い」と「民主主義の原理を越《こ》えた、さらに高いところ（天皇をさすと思われる）に絶対的な価値をおく市民感情」との両義性《りょうぎせい》。「敗戦後の民主主義と不戦の誓い」が「イノセントな、無傷《むきず》のもの」ではなく、「アジア、広島《ひろしま》、長崎《ながさき》の犠牲者」への悼《いた》みをともなっているという両義性。

3　日本の軍事力は、「軍隊」と呼ぶことはできず、あくまで「自衛隊」であること。／自衛隊は「軍事力」としては海外派遣《はけん》できないので、「平和維持《いじ》活動」においても原則として武器を使用できない点。／日本は、憲法の精神にのっとり、武器輸出は慎《つつし》むことになっている（「武器輸出三原則」）点、など。

科学技術　『科学の考え方・学び方』　146頁

1　放射性廃棄《はいき》物処理問題、ゴミ問題、エネルギー問題、資源問題、人口問題、年金問題など。

2　小規模化・分散化（「等身大の（大規模志向でなく人間の身体のサイズにみあった）科学」）、個性化（標準《ひょうじゅん》化、マニュアル化されたものでなく）、生命のあり方にならう、自然の循環《じゅんかん》を損《そこ》なわない（持続可能型）など。

3　略

社会学　『「あたりまえ」を疑う社会学——質的調査のセンス』　154頁

1〜2　略

3　「理解不能なこと」「違和感《いわかん》を覚えること」「日常を脅《おびや》かす、あいまいなリスク」を「普通《ふつう》でないもの」として、自らの日常生活からしめ出すことによって、安心感を得るという目的。

生物学　『生物と無生物のあいだ』　162頁

1　生命とは何か――ウエット／柔《やわ》らか／大まか／微妙《びみょう》に異なる／脆弱《ぜいじゃく》／球体／不定形／自己複製能力／律動《りつどう》

生命とは何でないか――整《ととの》った風貌《ふうぼう》／斉一《せいいつ》的／幾何学《きか》的な造形／メカニカルな構成／まったく同じ形／偏差《へんさ》がない／栄養を摂取《せっしゅ》しない／呼吸しない／二酸化炭素を出さない／代謝《たいしゃ》しない／結晶《けっしょう》化する／鉱物に似ている／プラモデル／無機的／硬質《こうしつ》／オブジェ

2　略

3　【ヒント】内容がどう展開していくかを予測しながら読む姿勢は大切です。本文では、エイブリーについて次のようなことが書かれています。「遺伝子の本体はタンパク質であろうと考えられていた時代に、エイブリーは、地《じ》道《みち》で慎重《しんちょう》な実験研究を積み重ねた結果、遺伝子の本体がDNAであることをつきとめた。エイブリーが勤務していたロックフェラー大学の人々は、「誰《だれ》もがエイブリーにノーベル賞が与えられなかったことは科学史上最も不幸なことだと語り、ワトソンとクリックはエイブリーの肩に乗った不遜《ふそん》な子供たちに過ぎないとののしる」（『生物と無生物のあいだ』五七頁）。

物理学　『宇宙は何でできているのか――素粒子物理学で解く宇宙の謎』　171頁

1　ビッグバン宇宙論によれば、宇宙の歴史をビッグバン直後まで遡《さかのぼ》ると、それ以上には小さくできないほど小さいもの、つまり素粒子《そりゅうし》だったことになるから。

2　【ヒント】いくつか思想史上の発想をもとに自由な想像をしてみます。「人間も宇宙も同じ元素（おおもとの要素）からできているのだから、構造も同じであろう」「人間は呼吸や代謝によって、宇宙と交流しているから、同じ構造になる」「人間は神の似姿《にすがた》をしているのだから、神が創った宇宙と同じ構造をしている」など。

3　【ヒント】これについても、自由に想像してみます。「円《えん》環《かん》は無限であり、無限なものは完全である」「蛇自体が知性と無限の象徴《しょうちょう》であり、それが円環をなしていることによってより完全性が高まっている」「知性を表す蛇が自分自身を飲み込むという図像は、純粋《じゅんすい》な知性が自分自身と相対しているという完全性を表している」など。

心理学　『美人は得をするか　「顔」学入門』　178頁

1　丸や円筒《えんとう》を思わせる輪郭《りんかく》の中に、目らしいもの、鼻らしいもの、口らしいものが「顔」の目、鼻、口と同じように配置されているため。

2　【ヒント】本文でもいくつかの例が紹介されているが、本文の後に出てくる「顔研究の成果」には次のようなものが挙げられる。人相学、骨相《こっそう》学、表情論、顔認知《にんち》、視線論、顔記憶《きおく》、似顔絵《にがおえ》論、顔の性差、子どもの顔と大人の顔、顔の美しさなど。

3　略

哲学　『わかりやすいはわかりにくい？——臨床哲学講座』　185〜186頁

1　略

2　生活のリズムが時計の時間によって規定される／労働量が時間で量《はか》られる（時給〇〇円、「時は金なり」など）／仕事などの時間を守ることを課される（始業時間、時間割など）／時間を空間化する意識が生まれた／時間の流れを均質なものと思う、など。

3　消費者がすでに持っているものを新製品に買い換《か》えたいと思わせることによって、商品がより多く売れるようにすること。

言語　『ことばと思考』　195頁

1

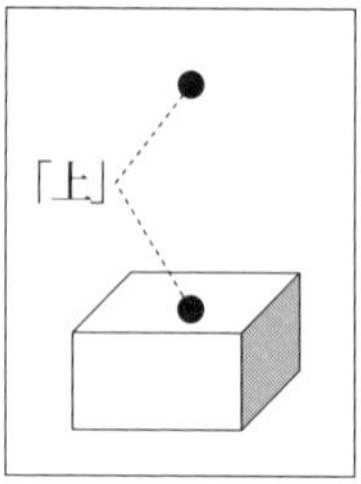

「上」

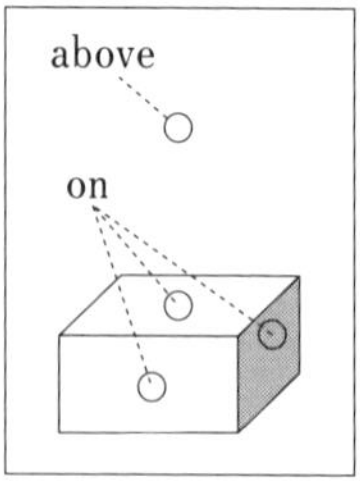

above, on

2　略

3　略

思考　『知的思考力の本質』　202頁

1　最初の問いは、事前の説明はなく、ただ「脳死を人の死と認めるか」という質問だった。二回目の問いは、死は過渡《かと》的なものであること、普通《ふつう》は「呼吸停止《こきゅうていし》」「心臓停止」「脳死」「細胞《さいぼう》死」の順番で生から死へと移行することを説明し、そのプロセスの中でどこに線を引くかということを質問した。最初の問いが「脳死は死か」という漠然《ばくぜん》とした一般《いっぱん》的な質問だったのに対し、二回目の問いは死をより科学的に分析《ぶんせき》し、死へのプロセスのどの時点を「生」と「死」の境界《きょうかい》とするかという判断を求めた。

2　鈴木《すずき》は「脳死」は死と考えているのではないか。鈴木は「死、すなわちポイント・オブ・ノーリターン」と述べ、「脳死」になると「細胞死」へと進むだけでもう戻《もど》ることはできないと説明している。また、「脳死」から「細胞死」の間を「生」とする場合、人の体から取り出し培《ばい》養《よう》された細胞や他人に移植《いしょく》された臓器《ぞうき》についての説明が難しくなると述べている。

3　ある問題について考える道筋。事実に基づいて科学的に分析し、科学の知識を根拠《こんきょ》に、できるだけ正確な答えを導き出すようにすること。

論理　『ダメな議論——論理思考で見抜く』208〜209頁

1〜3　略

統計　『統計数字を疑う——なぜ実感とズレるのか？』216頁

1　統計の作成方法。具体的には「交通事故死亡者」をどのように定義しているかということ。

2　警察庁における定義——「交通事故から二四時間以内に死亡した人」／厚生労働省における定義——「その一年のうちに交通事故が原因で死亡した人」／データへの影響《えいきょう》——警察庁における定義では、二四時間後に死亡した人が数に入らず、交通事故死の実情を正しく反映できない。

3　a、b

メディア　『街場のメディア論』223頁

1　誰でも言いそうなことについては、その内容について最終的に責任を取る必要がないため、説明不足でも、論理が破綻《はたん》していても、それほど気にせずに発言しがちである。そのような発言が繰《く》り返され、丁寧《ていねい》な論証が行われないまま一方的な意見がどんどん広がってしまう。

2　それぞれのメディアが独自の言葉を伝えず「誰でも言いそうなこと」ばかり言ってきたため、メディア自体の存在意義が失われ、そのことに人々が気づいてしまったこと。

3　【ヒント】「メディアの暴走」の典型的な例としては、「松本《まつもと》サリン事件」で被害者を犯人扱《あつか》いした報道（一九九四年）が挙げられます。最近でも、例えば、北朝鮮《きたちょうせん》のロケット発射、消費税増税などそのときどきの問題について、メディアによる画一的で一方的な報道が行われているという批判もあります。ニュースを聞いたり読んだりするときに、別の視点からも考えてみることが大切です。

ウェブ『ダメ情報の見分けかた――メディアと幸福につきあうために』 231頁

1　専門知識のある人――流言《りゅうげん》やデマに対する疑問点を挙げるとともに、「確からしい情報」を分かりやすく丁寧《ていねい》に説明する。／専門知識のない人――情報を受けて安易《あんい》に行動を起こしたりしない。その情報について自分でも検討しながら、「確からしい情報」が出てくるまで判断を保《ほ》留《りゅう》する。

2　「欠如《けつじょ》モデル」とは――一般大衆《いっぱんたいしゅう》は科学に対する知識が欠《か》けているので、科学者が科学的な知識を与えてやればよいという考え方。／「欠如モデル」では流言を防げない理由――大衆のリテラシーを低く評価し、人々がどのような文脈で考えているかを理解せずに科学的な知識を一方的に与えようとしても、かえって人々の反発《はんぱつ》を招いてしまう。また、メディアの有害性を強調するあまり、言論統制《とうせい》を求めてしまう危険もある。

3　略

書名索引

ゴチック文字は、本書で主に取り上げた30冊。書名の副題、巻数は省略した。

編者紹介

二通信子（につう・のぶこ）
東京大学名誉教授（元東京大学日本語教育センター教授）。北海道大学、北海学園大学、東京大学などで留学生の日本語教育に従事。特にアカデミック・ライティングの教育・研究や教材開発に取り組む。二〇一九年から一般社団法人北海道日本語センター代表理事。共著書に『留学生のための論理的な文章の書き方』（スリーエーネットワーク）、『アカデミック・ジャパニーズの挑戦』（ひつじ書房）、『留学生と日本人学生のためのレポート・論文表現ハンドブック』（東京大学出版会）などがある。［第2、5部を担当］

門倉正美（かどくら・まさみ）
横浜国立大学名誉教授。山口大学教養部での哲学担当を経て、一九九三年から二〇一三年まで横浜国立大学留学生センターで留学生の日本語・日本事情教育を担当。特にアカデミック・ジャパニーズと、メディア・リテラシーの教育・研究に力を入れている。共著書に『アカデミック・ジャパニーズの挑戦』（ひつじ書房）、『会話のにほんご』（ジャパンタイムズ）、『新・日本留学試験実戦問題集読解』（ジャパンタイムズ）などがある。［第3、4部を担当］

佐藤広子（さとう・ひろこ）
元創価大学学士課程教育機構准教授。高校の国語科教諭を経て、目白大学、創価大学で初年次の表現教育を担当。第五四回読売教育賞優秀賞（国語教育部門）、初年次教育学会教育実践賞受賞。共著書に『文部科学省委嘱研究国際理解教育実践事例集　中学校・高等学校編』（教育出版）、『アクティブ・ラーニングの基本と授業のアイデア』（ナツメ社）、『思考を鍛えるライティング教育』（慶應義塾大学出版会）などがある。［第1部を担当］

日本語力をつける文章読本　知的探検の新書30冊

2012年8月24日　初　版
2025年2月20日　第3刷

［検印廃止］

編　者　二通信子・門倉正美・佐藤広子

発行所　一般財団法人　東京大学出版会
代表者　中島隆博

153-0041 東京都目黒区駒場4-5-29
https://www.utp.or.jp/
電話 03-6407-1069　Fax 03-6407-1991
振替 00160-6-59964

印刷所　株式会社三秀舎
製本所　牧製本印刷株式会社

ISBN 978-4-13-082017-2　Printed in Japan